KB165889

나는
LINE
개발자입니다

나는 LINE 개발자입니다 : 라인의 개발 고수 12인의 도전과 기회, 성장의 개발 라이프

초판 1쇄 발행 2019년 09월 02일
초판 3쇄 발행 2021년 10월 22일

지은이 라인플러스 주식회사 / **펴낸이** 김태헌
펴낸곳 한빛미디어(주) / **주소** 서울시 서대문구 연희로2길 62 한빛미디어(주) IT출판부
전화 02-325-5544 / **팩스** 02-336-7124
등록 1999년 6월 24일 제25100-2017-000058호 / **ISBN** 979-11-6224-216-2 13000

총괄 전정아 / **책임편집** 홍성신 / **기획** 이상복 / **편집** 김은미 / **진행** 김민경
디자인 표지·내지 이아란 조판·일러스트 안희원
영업 김형진, 김진불, 조유미 / **마케팅** 박상용, 송경석, 한종진, 이행은, 고광일, 성화정 / **제작** 박성우, 김정우

이 책에 대한 의견이나 오탈자 및 잘못된 내용에 대한 수정 정보는 한빛미디어(주)의 홈페이지나 아래 이메일로
알려주십시오. 잘못된 책은 구입하신 서점에서 교환해드립니다. 책값은 뒤표지에 표시되어 있습니다.
한빛미디어 홈페이지 www.hanbit.co.kr / **이메일** ask@hanbit.co.kr

Published by HANBIT Media, Inc. Printed in Korea
Copyright © 2019 LINE Plus Corporation & HANBIT Media, Inc.
이 책의 저작권은 라인플러스 주식회사와 한빛미디어(주)에 있습니다.
저작권법에 의해 보호를 받는 저작물이므로 무단 복제 및 무단 전재를 금합니다.

지금 하지 않으면 할 수 없는 일이 있습니다.
책으로 펴내고 싶은 아이디어나 원고를 메일(**writer@hanbit.co.kr**)로 보내주세요.
한빛미디어(주)는 여러분의 소중한 경험과 지식을 기다리고 있습니다.

나는 LINE 개발자입니다

라인의 개발 고수 12인의
도전과 기회, 성장의
개발 라이프

" 글로벌 개발자로 입문하고 개발하고 성장하는 12가지 방법 "

지은이

강윤신, 김영환, 김재석, 김정엽, 김택주, 노승헌,
박민우, 배권한, 이서연, 이승진, 이홍규, 하태호

엮은이

LINE Developer Relations 팀

Ⅲ 한빛미디어
Hanbit Media, Inc.

2017년 라인플러스(이하 라인)와 처음 인연을 맺기 전, 나는 개발자 출신의 경영자로 소프트웨어 벤처기업을 운영했다. IT 산업에 30년 가까이 종사하면서 어떻게 하면 우리나라 소프트웨어 산업이 국제적인 경쟁력을 가질 수 있는가 항상 고민했다. 게임 분야에서 글로벌하게 진출해서 큰 성공을 거둔 사례는 많았지만 소프트웨어 기술력과 서비스만으로 글로벌하게 성공한 사례는 거의 찾기 어려웠다. 이 때문에 일본, 대만, 태국 등지에서 독점적인 서비스를 제공하고 수억 명 이상의 사용자 트래픽을 처리하는 기술력을 가진 라인은 무척이나 흥미로운 관심 대상이었다. 라인의 성공을 이끌고 있는 능력자들이 누구인지, 어떤 문화와 기술력이 있는 건지 너무 궁금했고, 이것이 결국 내가 라인 합류를 결심하게 된 가장 큰 이유가 되었다.

지금은 국내에서는 아직 생소한 Developer Relations라는 라인 조직에서 대학교의 컴퓨터 전공 교수들, 개발에 관심 있는 학생들, 외부 개발자들과 직접 만나며 라인의 개발 문화를 알리는 일을 하고 있다. 아쉬운 점은 한국에서는 대부분 라인에 대해 잘 알지 못했고, 알고 있다 해도 일본에서 성공한 기업이라는 정도의 인식만 있었다는 것이었다.

어떻게 하면 사람들에게 라인에 대해 좀 더 자세히 알릴 수 있을까 하는 고민에서 이 책에 대한 기획이 시작되었다. 수많은 훌륭한 사내 개발자 중 함께 집필에 참여할 몇 명을 선정하는 과정은 쉽지 않았다. 화려한 이력이나 스펙보다는 숨어 있는 고수들, 사내 설문을 통해 동료들에게 인정받고 존경받는 분들을 추천받았고, 그중 자신의 이야기를 통해 라인을 알리는 것에 흔쾌히 뜻을 모아주신 최종 열두 분과 함께하게 되었다.

한 분 한 분의 글을 읽어가면서 내 가슴이 다시 두근두근하는 것을 느낀다. 1990년에 대학교에서 컴퓨터를 전공하고 개발자로 첫 사회생활을 시작했을 때는 평생 천직은 개발자라고 생각했고, 당시 수천만 원짜리 고가의 워크스테이션에서 코딩을 할 때면 왠지 모를 뿌듯함과 자부심도 있었다. 그러다 언제부터인가 개발을 떠나 관리자의 길을 걷게 되었고, 개발은 내 과거의 이력 한 줄이 되어 있을 뿐이었다. 그런데 현직 개발자들의 생생한 글을 읽다 보니 개발을 떠난 지 이미 16년이 지난 내 가슴이 콩닥콩닥 뛰고, 나도 모르게 '다시 개발자의 길로 돌아가볼까'라는 마음까지 드는 게 아닌가.

치열한 서비스 개발 현장에서만 알 수 있고 느낄 수 있는 살아 있는 경험들, 서로에 대한 무한한 신뢰와 애정, 성장을 위한 치열한 노력 속에서도 항상 나보다는 팀을 먼저 생각하는 동료애를 엿볼 수 있었다. 라인이라는 글로벌 서비스로 다양한 나라에서 다양한 언어와 다양한 국적의 사람들과 협업하는 에피소드는 몇 번을 읽어도 즐겁고 흥미롭다.

각자의 경험치와 성장 배경, 그리고 현재 속한 조직도 모두 다르지만 모든 글에서 느껴지는 공통점은 모두 도전을 즐기고 자신이 속한 팀과 일을 사랑하며 일에 대한 자부심이 뛰어나다는 것, 태어날 때부터 개발자인 듯이 개발을 무조건적으로 좋아하고 즐기는 덕후들이라는 사실이다.

이 책은 흔한 자기계발서가 아니다. 기술 서적은 더더욱 아니다. IT 기업에 합격이 잘되기 위한 절대 무공비급이 들어 있는 것도 아니다. 이 책에 소중한 자기 경험을 풀어낸 열두 명의 라인 개발자가 대한민국 IT 기업에 종사하는 모든 개발자의 현재 모습을 전부 대변하는 것도 아니다.

하지만 10대 창업자, 게임 마니아, 철학도 출신 개발자, 미국 최고의 IT 기업 출신 개발자까지 서로 다른 다양한 경험과 뜨거운 열정으로 똘똘 뭉친 최고의 개발자들이 라인의 개발자가 되기까지의 이야기, 그리고 라인에서 동료들과 함께 개발자로서 또 한 단계 성장하고 도전하면서 느끼고 배운 경험담을 통해 개발자를 꿈꾸는 이 땅의 청년들에게 비전을 보여주고 꿈과 희망을 전달하고 싶었다. 이 책이 개발자로서의 미래와 삶에 대해 고민하고 주저하는 청년들에게 '꿈을 꾼다면 할 수 있다'라는 용기를 심어주는 데 조금이라도 도움이 될 수 있다면 더할 나위 없는 큰 기쁨일 것이다. 또한 초기 기획 의도처럼 라인 개발자들의 이야기를 통해 많은 사람이 라인이라는 회사에 대해 좀 더 깊이 알게 되고 라인이 꿈꾸는 미래의 도전에 대해 응원해주셨으면 좋겠다.

마지막으로 대한민국의 개발자들 모두에게 깊은 경의를 표하며, 라인 개발자들의 든든한 버팀목 박의빈 CTO님, 집필에 참여해주신 열두 분의 개발자, 출판을 처음 기획하고 이 책이 나오기까지 불철주야 애써주신 정원우 님, 홍연의 님, 이효진 님 그리고 한빛미디어의 이상복 님께도 깊은 감사를 드린다.

2019년 8월
이승종, Developer Relations 팀 리드

Contents

1부

라인 개발자의 일상

자유와 책임,
그리고 라인

노승헌

눈물 없이 볼 수 없는 한 편의 뮤직비디오 같은 인생을 만드느라 바쁜 센티멘털리스트. 삼성네트웍스, SK텔레콤, 아카마이 코리아를 거치면서 개발자, 프로젝트 매니저, 제품 오너, 솔루션 아키텍트 등 다양한 영역에서 자신을 시험해보고 있다.

매년 연말,
우리는 세 번의 새해를 맞이한다

　매년 12월 31일, 한 해의 마지막 날 사무실의 낮 시간 풍경은 마치 주말 사무실 모습처럼 한산하다. 하지만 저녁 시간이 다가올수록 일부러 이즈음 출근하자고 약속한 것처럼 엔지니어들이 하나둘 사무실에 나타나기 시작한다. 오늘을 위해 만들어둔 그룹 채팅방에도 사람들의 메시지가 조금씩 늘어나기 시작한다. 엔지니어들은 삼삼오오 저녁 식사를 마치고 전투 준비 태세를 갖춘다. 오늘은 바로 라인의 연례행사인 '연말 대응'이 있는 날이기 때문이다.

　나라와 언어, 인종을 막론하고 전 세계 사람들은 새해를 맞이하는 12월 31일 자정 가족, 친지, 친구 혹은 중요한 관계가 있는 사람들에게 새해 인사를 건네곤 한다. 라인 사용자들 역시 마찬가지이다. 일본(GMT+9)에서 시작해 대만(GMT+8)을 거쳐 태국(GMT+7)에 이르는 새해 인사의 파도타기는 세 번의 큰 트래픽을 만들며 라인의 엔지니어들을 긴장시킨다. 한 해의 마

지막 날 라인 엔지니어들이 일하는 풍경은, 라인 사용자들이 주고받는 새해 인사가 아무런 문제 없이 잘 전달되게 하여 인류애를 실현하려는 큰 그림의 일환이었던 것이다.

어느 기업이든 속해 있는 산업과 사업의 특성에 따라 그에 맞는 업무 스타일과 문화를 가지게 마련이다. 국내시장을 공략하는 기업은 국내 사정에 따른 업무 패턴을 가지게 되고 글로벌 사용자를 고객으로 사업을 전개하는 기업은 현지 문화와 성향을 고려하려 서비스를 만들게 된다. 라인 역시 그런 큰 틀에서 벗어나 있지 않다. 일본을 중심으로 대만과 태국, 인도네시아 사용자들이 주류를 이루기 때문에 자연스럽게 서비스의 개발과 운영도 세 가지 시간대의 특성에 맞추어져 있다. 연중 지속되는 사업 기회 발굴, 서비스 기획, 개발 업무에서 이런 모습이 잘 드러난다. 하지만 무엇보다 라인의 엔지니어로서 극한의 흥분감을 느끼는 순간은 이렇게 매년 연말 맞이하는 세 번의 새해맞이일 것이다.

라인의 서비스는 1년 내내 하루도 쉬지 않고 변화한다. 작년에 없었던 기능이 새롭게 추가되어 사용자들의 뜨거운 반응을 얻기도 하고, 새로운 기술을 통해 인프라와 서비스의 구조를 개선하여 성능을 확보하거나 비용을 감소시키는 활동을 지속적으로 수행한다. 이런 변화 덕분에 매년 맞이하는 새해 인사이지만, 그때마다 서비스 전반에 미치는 영향은 바뀔 수밖에 없다. 엔지니어들은 이슈가 될 수 있는 시나리오를 가정하여 문제가 없을지 검토하고, 상황이 발생했을 경우 각 시스템들 간에 이슈를 어떻게 대응할 것인지 정리하고 준비하는 활동을 매년 수행하고 있다. 하지만 미리 준비했다고 하여 A부터 Z까지 완벽하게 문제없이 이벤트를 소화하는 것은 쉽지 않은 일이다.

라인 엔지니어들의 진정한 역량은 3시간 동안 세 차례에 걸쳐 진행되는 새해 인사 이벤트 동안 발생하는 예상 외의 상황과 압박 속에서 다시 한번 발휘된다. 1차 트래픽을 받으면서 확인된 문제는 2차 트래픽에서도 발생할 가능성이 있기 때문에 1시간이 채 되지 않는 시간 동안 원인을 찾고 재발 방지책 혹은 경감 방안을 적용해야 한다. 시간은 우리를 기다려주지 않기 때문에 엔지니어들은 굉장한 압박감 속에서 실수 없이 작업을 수행해야 한다. 이 작업이 쉽지 않은 또 다른 이유는 주요 국가의 사용자들이 새해 인사를 하는 방식이 서로 다르기 때문이다. 메시지를 중심으로 인사를 주고받는 곳이 있는가 하면, 사진이나 이미지로 인사하는 것이 주류인 곳이 있고 동영상으로 새해 인사를 주고받는 경우도 존재한다. 유통되는 트래픽의 성격이 다르다는 것은 이슈가 생길 수 있는 서비스 컴포넌트가 달라질 수 있다는 이야기와 마찬가지다. 그만큼 많은 것을 예상하고 대응해야 하는, 쉽지 않은 업무가 연말 대응 이벤트이다.

이렇게 3차 트래픽까지 소화하고 나면 그제서야 엔지니어들은 업무를 마무리하고 서로 늦은 새해 인사를 나눈 뒤 저마다 가족이 기다리는 집으로 돌아간다. 연말 대응은 라인에서 엔지니어로 일하면서 경험할 수 있는 독특한 이벤트 중 하나이다. 기업에서 새로운 서비스가 개시되는 날 긴장 속에 모니터링과 기술 지원 준비를 하는 것은 당연한 일이지만, 여러 시간대에 걸쳐 있는 서로 다른 문화를 가진 사용자들의 트래픽에 대응하는 것은 쉽게 경험해보기 어려운 일이다. 지금 이 순간 세계 어디에선가 라인에 수차례의 트래픽 파도를 일으킬 수 있는 사용자 증가가 진행되고 있을지도 모른다. 얼마나 트래픽이 늘어나든, 우리는 받아낼 것이다. 늘 그래왔던 것처럼.

사회생활의 시작은 역시 대기업?

라인에서의 폭풍 같은 업무에 대한 이야기는 잠시 접어두고, 내가 처음 개발자로 사회생활을 시작한 때를 떠올려보려고 한다. 개인적인 이야기에 불과하지만, 이런 경험담이 개발자를 희망하는 이들에게 도움이 되리라 믿는다.

사람들은 저마다 로망을 가지고 산다. 로망의 대상이나 주제도 참 다양한데, 직업을 갖거나 직장을 선택하는 것도 그중 하나다. 본격적으로 취업 활동을 하기 전 학교에서 열리는 취업 설명회에 참석하거나 먼저 사회에 진출한 선배들의 이야기를 들을 수 있는 자리들이 있었지만 선택에 큰 영향을 주지는 못했던 것 같다. 초등학교 시절 막연히 가졌던 프로그래머라는 직업에 대한 동경을 기반으로, 그리고 학업을 수행하며 배운 세상에 대한 이해를 바탕으로 기왕이면 대기업에서 일을 시작하면 손해 볼 일은 없을 거라는 생각을 했다.

1997년 외환 위기를 맞으면서 한국의 경제는 큰 변화를 겪을 수밖에 없었다. 집안의 어려움으로 비자발적인 군 입대가 이어졌고 입대도 줄 서서 해야 한다는 우스갯소리도 들렸었다. 이전에 없었던 취업 전쟁이 시작되었던 것도 그즈음부터였던 것으로 기억한다.

한편, 당시에는 디지털카메라가 열기가 뜨거웠다. 학교 홈페이지 게시판에서 만났던 사람들과 함께 디지털카메라 동호회를 만들었고 한동안 사진에 푹 빠져 지냈다. 찍었던 사진과 글을 블로그를 통해 공개했고, 블로그는 세상을 만나고 사람들과 이야기하는 소통 창구가 되어주었다. 그렇게 하나둘 모은 사진과 글을 엮어서 출간한 책이 『지하철 유실물』(인디북, 2004)이다. 지금 읽어보면 손발이 오그라드는 중2병 감성만 가득하지만 이때만큼 창작에 불타올랐던 적도 없었다.

4학년을 시작한 지 얼마 되지 않은 2003년 여름, 삼성동 한복판에 사무실이 있었던 한 대기업 IT 계열사의 합격증을 쥘 수 있었다. 좋았다. 번듯하게 차려진 회사 입구를 파란색 목줄에 달린 사원증을 태깅하면서 지나가고, 안내데스크 직원의 인사를 받으면서 출근하는 것은 이제 막 사회생활을 시작한 초년생에게 즐거울 수밖에 없는 시간이었다. 그룹 로고가 크게 그려진

1부 라인 개발자의 일상

인트라넷에 접속해 메일과 메신저로 일을 했고, 갈고닦은 개발 지식과 능력을 활용해 어설프지만 산출물을 만들어나가는 것도 흥미로운 일이었다. 영업 담당 부서들과 그룹사 내의 또 다른 고객사들에 보낼 제안서를 만들고, 외부 파트너 업체들과 전 세계를 돌아다니며 프로젝트를 수행하는 경험도 해볼 수 있었다.

하지만 그 이면에 가려진 불합리함과 어려움을 알아가면서 고민에 빠졌다. SI 업계의 특성상 지속적으로 관리되면서 발전하는 제품의 개발은 애초부터 고려될 수 없었다. 고객사의 과제를 낮은 가격에 수주하여 무리한 일정으로 산출물을 만들어내야만 했고, 이 과정에서 파트너 업체들과 불협화음이 생겼다. 복잡한 하청 먹이사슬에 끼이다 보니 개발보다는 관리에 더 많은 공수를 투입했고 체계적으로 과제를 수행해나가는 것은 사실상 불가능했다. 시스템을 사용하는 전 세계 사용자들이 불편을 겪었을 장애 보고를 책임자가 이해하지 못해 고객사 부사장급 임원에게 실무 대리가 보고해야 하는 상황은 "난 누군가, 또 여긴 어딘가"라는 말을 떠올리게 하는 데 부족함이 없었다. 내가 생각했고 꿈꿔왔던 것과는 분명 괴리가 있었다.

나의 재발견, 넘쳐 흐르는 문학 소년의 감성

아침 9시에 출근해 저녁 늦게 야근 후 퇴근하는 일상이 반복되면서 내가 주도하는 삶이 아닌 회사가 주도하는 삶이 되어갔다. SI 업계 특유의 하청과 재하청이 반복되는 프로젝트 먹이사슬 속에서 생존을 위해 경쟁하면서 나도 모르는 사이에 번아웃되어가고 있었다. 그러던 중 트위터라는 서비스를 알게 되었고 140자 단문 메시지의 매력에 푹 빠지게 되었다. 우연히 육아에 관심을 가진 사람들이 트위터에서 모였고, 육아와 양육에 대한 책을 써보자는 이야기가 나왔다. 첫째를 낳고 키우면서 새로운 경험을 하던 중이었고 남편의 육아 참여에 대해 할 말이 많았던 새내기 아빠였기에 생각을 글로 적어보고자 집필 활동에 참여하게 되었다.

『함께 만들어가는 나눔 육아법』(북큐브, 2010)은 온전히 트위터에서 만난 사람들이 쓴 육아서였다. 전문가들이 쓴 글이 아니라 실전에서 아이를 키우는 직장인과 가정주부가 각자의 육아, 양육에 관한 경험을 한 꼭지씩 맡아 풀어냈다. 트위터에서 만난 사람끼리 책을 기획하고 역할을 분담하면서 글을 써 책을 만들었던 과정은 무척 독특한 경험이었다.

사람들은 저마다 재능이 있다. 그리고 그 재능은 생각지 못한 곳에서 나오기도 한다. 글을 쓰는 것이 나에게 주어진 좋은 재능인지 판단은 쉽지 않다. 하지만 글을 쓰는 동안 즐거움을 느끼고 스스로 계속 글 쓰는 일을 벌이는 것을 보면 분명 언젠가 초판이 다 팔리는 책도 쓰게 되지 않을까 하는 막연한 기대도 해보고 있다(자세한 이야기를 여기 다 쓸 수는 없지만 2012년에도 책을 출간했다). 이런 번외 활동을 통해 세우는 이정표들이 어떻게든 나에게 긍정적인 힘으로 돌아올 거라 믿는다. 그 생각으로 지금도 이렇게 글을 쓰고 있으니까.

통신사와 콘텐츠 플랫폼 업체를 거치며

2009년, 망해가는 줄 알았던 애플의 아이폰이 세상에 등장하며 새로운 패러다임을 제시했고, 가끔 원서 구입할 때나 썼던 아마존은 AWS를 내놓으며 IT 업계의 지형을 변화시켰다. 쳇바퀴가 되어버린 일상에 변화가 필요하다는 생각에 본격적으로 이직을 준비했다. 게임 업계의 인프라 개발 조직, 전자 제품 회사의 프런트엔드 기술 R&D 팀, 통신사의 클라우드 사업 개발 조직 등에 지원서를 냈고 운이 좋았는지 여러 곳에서 연봉과 처우 협상까지 진행할 기회를 잡을 수 있었다. 처음 직장을 잡을 때와는 달리 고려해야 할 것들이 많았다. 출퇴근 거리부터 적절한 연봉 인상, 가족을 위한 복리후생도 생각해야 했다. 지금 생각하면 조금 부끄러운 부분이지만 지인이나 사회적인 시선을 신경 쓰지 않을 수 없었고, 그 결과 2011년 말 내가 선택했던 곳은 통신사였다.

통신사로 이직하기 전 2010년경, 통신사들은 아마존이 개척한 클라우드 컴퓨팅 사업에 적극 뛰어들고 있었다. 유수의 통신사들은 전통적인 데이터 센터 사업과 호스팅 사업을 하고 있었고 이를 기반으로 클라우드 사업으로 영역을 확장하려는 시도를 했다. 통신사에서는 IT 분야의 엔지니어들을 적극 채용했고 그중 한 명이 될 수 있었다.

하지만 제한된 인력과 리소스, 넉넉지 않은 투자금과 빡빡한 BEP 달성의 압박 속에서 클라우드 사업을 전개해나가는 것은 쉽지 않은 일이었다. 통신사 역시 대기업이었기 때문에 빠른 의사결정과 과감한 시도는 제한적일 수밖에 없었다. 서비스 포털과 사용자 콘솔 개발을 이끌고 있었지만 필요한 결과물을 만들어내고 있는지 자신하기 어려웠다. 인프라에 대한 더 많은 지식이 필요했고 클라우드 서비스에 대한 이해가 필요했지만 그렇지 못했다. 회사는 조직원에게 지향하는 클라우드 사업의 방향성을 제시하지 못했다. 회사 특유의 조직 문화와 정책은 남의 옷을 걸친 것처럼 어색했고, 구성원들의 생각은 종잡기 어려웠다.

상황을 바꿔보기 위한 몇 차례의 노력이 실패로 끝나면서 역할을 내려놓기로 했다. 남 탓만 하기에는 스스로 부족함도 너무 컸기에 현실을 자각할 수 있었다. 습관적으로 해오던 것들을 바꿀 수 있는 계기가 필요함을 절실히 느꼈다.

두 번째 직장에서 좌절감으로 '멘탈'이 많이 무너져 있을 때 한 헤드헌터로부터 연락을 받았다. 헤드헌터가 제안한 회사는 콘텐츠 전송 네트워크 시장을 만들었고 당시도 가장 큰 마켓셰어를 가지고 있던 곳이었다. 웹 기술을 기반으로 한 개발 커리어를 만들어가야겠다는 생각을 하던 시기였기 때문에 외국계 플랫폼 기업으로의 이직 제안이 썩 매력적으로 느껴지지는 않았다. 또한 멘탈이 많이 무너져 있긴 했지만 대기업이면서 대형 통신사에서 일하고 있다는 현실을 놓고 싶지도 않았다. 돌아보면 왜 그랬나 싶기도 하지만 그땐 그랬다. 과제 수행을 위해 일산 데이터 센터에 외근 나가 있을 때도 짬을 내어 이직에 대한 진중한 통화를 했다. 다음 선택은 후회 없이 하고 싶다는 생각도 점점 커졌다.

오랜 고민 끝에 이력서를 제출하고 늦은 저녁 시간으로 면접 일정을 잡았다. 그간 여러 한국 기업들의 기술 면접을 봤던 경험이 있었기 때문에 사전에 학습을 요구받은 주제와 참고 문헌을 가볍게 읽고 면접을 준비했다. 그렇게 맞닥뜨린 인생 최초의 영어 면접, 화이트보드 기반의 Q&A식 면접은 다시 한번 멘탈 붕괴로 나를 이끌었다. 나름 잘 알고 있다고 생각한 영역들에서 기술 표준이나 기초적인 질문에 제대로 답을 하지 못했다. 그럼에도 면접에 들어왔던 분들이 나쁘진 않았다고 판단했는지 얼마 지나지 않아 처우 협상 및 입사 날짜에 대한 가이드를 받을 수 있었고, 2013년 6월 이직하게 되었다.

외국계 기업에서 일해본 적이 없기 때문에 많은 것이 다를 것이라는 생각은 하고 있었다. 첫 출근일에 받은 온보딩onboarding 가이드와 A4 용지 한 장에 간략하게 정리된 해야 할 일은 긴장감을 느끼기에 부족함이 없었다. 온보딩 교육 시스템에 접근하게 되자 2개월 남짓한 기간에 학습해야 하는 정보의 양이 엄청났다. 이전에 대략 알고는 있었지만 명확하게 알지 못했던 것들을 표준 문서를 찾아가며 익혀야 했다.

그렇게 정리해가며 학습한 것들을 면접 때와 마찬가지로 화이트보드 세션을 통해 동료들에게 설명하는 자리를 가져야 했다. 화이트보드 세션은 주로 고객사 담당자를 대상으로 기술 설명을 하는 시뮬레이션 미팅 형태로 진행되는데, 주어진 주제를 A부터 Z까지 하나도 빼먹지 않고 머릿속에 넣고 있어야만 했다. DNS와 HTTP부터 이들이 응용된 회사의 제품, 플랫폼까지 설명하는 자리는 면접보다도 더 어려웠고 손에 땀을 쥐게 했다. 하지만 덕분에 느슨하게 생각했던 기반 기술들을 보다 깊게 이해할 수 있었고, 이것이 그동안 갈고닦은 개발 지식과 결합하면서 시너지를 낼 수 있는 기반이 생겨났다.

라인, 내 고객사에서 내 직장으로

온보딩 과정을 거쳐 처음으로 맡게 된 고객사가 라인이었다. 2011년 동일본 대지진 이후 급성장을 하고 있던 라인은 그에 걸맞은 콘텐츠 배포 체계와 플랫폼이 필요했다. 새로운 도메인에 대한 전송 체계 구성, 그 과정에 발생하는 이슈들에 대한 대응을 위해 지속적으로 플랫폼을 이해해야 했다. 또한 요구 사항을 충족하기 위해 플랫폼이 가지고 있는 역량을 끌어내고, 알려져 있지 않은 응용 사례들을 찾아내 시험하는 과정을 반복했다. 이를 통해 라인의 서비스 품질을 높이는 데 작게나마 도움을 줄 수 있었고, 이벤트 트래픽을 받아내거나 플랫폼을 통해 복잡한 이슈를 해결해나가면서 가치 있는 업무를 하고 있다는 만족감도 챙길 수 있었다.

하지만 항상 모든 문제의 답을 찾아낼 수 있었던 것은 아니었다. 플랫폼 기업은 필연적으로 자유도를 제한해야 하는 특이점을 맞이할 수밖에 없다. 물리적으로 동일한 인프라일지 모르지만 그 안에서 차별화된 포인트를 가지고 더 높은 가격의 제품과 낮은 가격의 제품을 만들어야만 하기 때문이다. 이런 벽을 만났을 때 이를 효과적으로 우회하고 플랫폼이 제공할 수 있는 것을 최대한 활용하려면 전체 서비스 인프라의 구성 요소들을 조금씩 움직여야 한다. 하지만 플랫폼의 기능 범주 정도가 내가 손댈 수 있는 전부였다. 조금 더 쉬운 방법이 있을 텐데, 어렵게 돌아가지 않아도 가능한 방법이 있을 텐데 하는 아쉬움은 점점 커져만 갔다.

그런 아쉬움이 동인이 되어 결국 라인에서 일을 해야겠다는 결심을 했다. 급성장 시기를 지나 잠시 숨을 고르며 다음 성장을 준비하는 라인에 내가 도움이 될 수 있는 일이 분명히 있을 것이라 생각했다. 그동안 비즈니스 파트너로 함께 해왔던 일들을 보다 넓은 시야로 바라보면서 새롭게 해석하고 풀어나갈 기회가 존재하리라고 생각했다. 그런 생각으로 이력서와 입사 지원서를 작성했고 조금의 시간이 흐른 후, 마침내 2017년, 늘 익숙하게 드나들던 사무실에 내 이름 석 자가 적힌 팻말 아래 의자에 앉아 일을 시작할 수 있었다.

이 글을 쓰고 있는 2019년 초여름, 돌아보면 2년 전 설레는 마음으로 분당 라인 사무실에 첫 출근을 했다. 매일 흥미로운 일들이 벌어졌고, 생각했던 것들을 하나씩 부러뜨려나가다 보니 어느새 2년이라는 시간이 흘렀다. 여전히 해야 할 것도 많고 해보고 싶은 것도 많지만, 이곳이 참 마음에 든다.

라인, 스스로 만드는 자유로움과
자존감에 관하여

먼 길을 돌아 다시 라인 이야기로 돌아왔다. 라인은 큰 회사다. 본사가 일본과 한국에 있고 일본 내에서도 여러 곳에 사무실을 두고 있다. 한국에는 내가 소속되어 일하고 있는 라인플러스가 있다. 라인 사용자가 많이 분포되어 있는 대만, 태국, 인도네시아, 베트남 등은 별도의 기술과 사업 조직을 갖춘 법인들이 설립되어 있다. 특히 대만이나 태국같이 수천만 명 이상의 사용자를 확보한 국가에서는 기술 조직과 사업 조직의 규모가 상당하여 독자적인 서비스 개발과 운영도 많이 한다. 앞으로도 큰 성장이 기대되는 국가들이고, 현지 직원들도 일본 시장에 못지 않은 큰 규모의 매출과 이익을 만들기 위해 불철주야 달리고 있다.

글로벌 시장에서 다양한 국적의 사람들이 일하는 모습은 라인이 아닌 곳에서도 볼 수 있는 모습이다. 하지만 라인에서는 굉장히 높은 자유도를 바탕으로 가끔은 이렇게까지 해도 괜찮은가 싶을 정도의 자율성을 보장해주고 있다. 조직이 갖고 있는 미션이나 목표에 따라 어쩔 수 없이 규제나 제약을 받는 경우가 있긴 하지만, 전반적으로 무언가를 하겠다는 시도를 막는 경우는 많지 않다. 누군가 시키지 않더라도 할 수 있는 것에 대해 미리 선을 긋고 한계를 정해두지 않은 이상 자유롭게 시도해볼 수 있는 문화가 저변에 깔려 있다.

이런 문화가 바탕이 되다 보니 생각지 못한 곳에서 재미있는 일을 겪는 경우도 무척 많다. 2018년 가을 사내 행사 참석차 태국 법인에 출장을 갈 기회가 생겼다. 클라우드 플랫폼에서 이용할 수 있는 서비스의 일환인 콘텐츠 전송 기술을 태국 법인 소속의 엔지니어들을 대상으로 소개하고 토론하는 세션을 갖는 것이 출장의 주된 목적이었다. 이런 형태의 기술 세미나가 많지 않았기 때문에 현지 엔지니어들의 참석률과 집중도가 굉장했다.

세션을 마치고 간단히 저녁을 먹고 있었는데 콘텐츠 전송 플랫폼 이용에 어려움을 겪고 있다는 이야기를 전해 듣게 되었고 가벼운 마음으로 이슈 파이팅을 해주기 위해 현지 엔지니어들과 함께 회의실로 자리를 옮겼다. 회의실에서 현지 엔지니어들과 함께, 얼마 후 출시 예정인 현지 서비스를 준비 중인 한국 파트너 개발사의 엔지니어들을 만나게 되었다. 서비스를 만들고 출시하기로 결정한 지 얼마 되지 않았고 빠르게 애플리케이션을 빌드업하기 위해 한국 소재의 파트너 개발사 엔지니어들이 장기간 출장을 나와 협업 과제로 수행하고 있는 중이었다.

2~3개월 정도밖에 안 되는 짧은 기간에 괜찮은 수준의 서비스를 만들어냈고 라인의 앱 내 서비스로 론칭을 준비하던 중 콘텐츠 전송 플랫폼 이용에 문제가 있어 해결 방법을 찾고 있다는 이야기를 듣게 되었다. 이런 과제가 태국 법인 내에서 자유롭게 시작되어 론칭을 앞두고 있다는 것도 흥미로웠지만, 다른 목적으로 출장 온 나를 필요로 하는 사람들을 만났다는 것도 놀라웠다. 문제가 되는 부분들에 대한 대안 몇 가지를 시험해보기로 했고 귀국 즉시 필요한 조치들을 취해주는 것으로 일단락을 지었다. 여담이지만 서비스는 성공적으로 론칭을 했고 수개월 동안 최대 동시 접속자 10만여 명을 기록하며 준수한 성적을 기록했다.

라인의 이런 자유로움은 물론 거저 주어지는 것이 아니다. 자유롭게 해보고 싶은 것들을 시도할 기회가 있지만 그런 시도들이 유의미한 결과로 이어질 수 있도록 주인 의식과 책임감을 갖추려는 분위기가 형성되어 있다. 일련의 활동에 대해 구성원 상호 간에 조직과 법인을 넘어서 익명으로 평가하는 시스템을 통해 반기에 한 번씩 상호 리뷰를 하는 것도 그런 움직임의 일환이다. 다른 부서와 협업을 하고 함께 서비스를 만들어나가면서 책임감과 주인 의식을 가지고 내 일처럼 임하는 사람은 카운터 파트너로부터 좋은 평가를 얻게 된다. 반면 적극적이지 않고 강 건너 불구경하듯 협업했던 사람이라면 좋은 코멘트를 기대하기 어려울 것이다. 어떤 일이 되었든 내 일처럼 하는 동료들이 정말 많은 곳이 라인이라는 회사다.

사내 홍보 영상 제작을 위해 했던 인터뷰 중 했던 말이기도 한데, 라인이라는 회사는 장애마저도 발전의 기회로 삼는 것 같다고 생각한다. 누군가의 잘못 혹은 실수로 장애가 발생했을 때 많은 경우 희생양을 찾고 빌미가 된 사람을 질타하거나 비난하기 십상이다. 하지만 라인에서는 장애가 발생한 직후부터 이미 장애 리포트가 작성되고 근거 자료의 취합이 진행될 뿐만 아니라, 장애 리포트를 공유하는 미팅도 가능한 한 많은 사람과 함께 갖는 문화가 있다. 메일로 장애 리포트가 담긴 위키 주소를 공유하고 장애 공유 미팅을 하면서 사람들은 새로운 아이디어를 내고 장애가 반복되지 않도록 시도할 만한 아이디어들을 제시한다. 같은 배를 타고 있는 동료로서 목적지까지 더 잘 갈 수 있도록 서로를 돕는 이상적인 모습이라고 느꼈다.

한참을 돌아 도착한 라인이라는 배에서 지난 2년간 질풍노도와 같은 시간을 보냈다. 아직도 배울 것이 많고 해보고 싶은 것이 많다는 생각이 절로 드는 것을 보면서 깜짝 놀라기도 한다. 생각대로 일이 되지 않을 때도 있지만 같이 걸어가는 동료들이 있기에 다시 한번 새로운 도전을 해보게 되는 이곳. 참 일할 맛 나는 곳이라는 생각이 든다.

매일이 새로운
20년 차 개발자

김영환

『슬램덩크』의 대사 "어쨌거나 즐겁게들 하고 있지"처럼 즐겁게 살려고 노력 중인 개발자. 금융권 서버 개발(SI 업체), QA(한게임), 모바일 게임 클라이언트 개발(라인)을 했고, 현재는 라인에서 보안 서비스 개발을 진행하고 있다.

개발자 인생의 시작

내가 처음으로 명함에 Software Engineer 또는 Developer라는 역할을 쓰게 된 지도 올해(2019년)로 만 20년이 되었다. 처음 개발자로 일을 시작할 때만 하더라도 이렇게까지 오래 개발자를 할 수 있을 거라는 생각은 하지 못했다. 그때는 개발자는 30대 중후반이 되면 개발을 그만두고 관리직이나 기술 영업 등을 하는 게 당연한 분위기였다.

1999년 8월 말, 내가 개발자로 처음 입사한 회사는 금융권 SI를 전문으로 하는 벤처 기업이었다. 나는 내가 투입될 프로젝트가 진행 중인 모 증권사가 있는 여의도로 출근하게 되었다. 첫 출근하는 사원의 긴장감 덕분에 9시에 부사장을 만나기로 했는데 8시도 안 되어서 여의도에 도착했고, 어떻게 시간을 보내야 할지 몰라서 어딘가로 바쁘게 걸어가는 사람을 멍하니 쳐다보고만 있었다. 9시에 만난 부사장은 밤을 새우고 지금 사우나에서 씻고 오는 길이라고 했다. 지금이라면 여러 가지 생각이 들 만한 상황이었지만 긴장한 탓에 아무 생각도 할 수 없었다. 묻는 말에 짧게 대답을 하고 증권사들이 즐비한 곳 중 한 건물로 들어갔다.

　나의 첫 프로젝트는 주식과 관련된 정보를 제공하는 시스템인 WTS web trading system 개발 프로젝트였다. 당시 난 주식이라는 단어를 보면 먹는 '밥' 밖에 생각나지 않을 만큼 주식 용어나 원리에 대해 무지했다. 프로젝트에 대한 설명을 들었지만 내 머릿속에 남은 건 당장 2000년 1월에는 오픈을 해야 한다는 것과 웹스피어라는 IBM에서 만든 웹 애플리케이션 서버를 사용할 것이고 자바 서블릿으로 개발을 해야 한다는 것 정도뿐이었다. 일정의 길고 짧음은 파악할 경력이 안 되었고 서블릿과 웹 애플리케이션 서버는 '그런 게 있다더라' 정도만 알고 있을 때였다. 많은 걸 배우기도 했지만 실수도 많았던 10개월 같은 5개월이 지나고, 관례처럼 되어버린 오픈 첫날 장애를 거쳐 일주일, 한 달의 모니터링 기간이 지나고 나서야 우리가 만든 서비스가 정상적으로 동작하고 있다는 것을 개발사인 우리도 확신할 수 있었다.

　오픈 후 한 달 조금 더 지나, 설 연휴를 보내기 위해 고향에 돌아갔었다. 오랜만에 친구들을 만나 각자 하고 있는 일 이야기도 하고 술도 마시고 약간의 허세도 부리고 하고 있었다. 내가 개발자가 되었다고 이야기하자, 친구들은 "맨날 개발자 되겠다고 하더니 결국 됐뿐네", "잘해라" 등 경상도 특유의 투박하면서도 정이 담긴 말투로 축하해줬다. 그런데 그런 말을 듣고 있자니 마음 한편이 너무 불편했다. 개발 기간 내내 했던 실수들이 떠올랐다. 특히 오픈 전 7일, 오픈 후 3일을 씻지도 못하고 일만 했던 이유가 '내가 잘하지 못해서'라고 생각하고 있었기 때문이다. 개발자가 되었고, 지갑에는 Software Engineer라고 적힌 명함이 있고, 내가 참여해 만든 WTS가 언제든 웹으로 접속이 가능하며 잘 돌아가고 있음에도, WTS를 누구에게 설명하라고 하면 업무적으로도 개발적으로도 명쾌하게 설명을 할 수 없는 자신이 부끄럽기도 했다.

설 연휴 이후 회사는 유지 보수 및 추가 개발을 위한 계약을 체결했고 나도 계속 그곳에서 일을 하는 것으로 결정이 났다. 그때부터 격일로 퇴근을 했다. 밤에 공부를 하려고 했던 것 같은데 지금 생각해보면 집에 가는 게 나았을 것 같다. 그때는 과하게 열정이 불타오르던 시기여서 무리했던 것 같다. 선배들이 만든 소스를 읽고 공부하고 이해가 안 되는 건 다음 날 출근한 선배에게 물어보고 업무 이해를 위해 주식 공부도 했다. 오라일리O'Reilly에서 나오는 자바 관련 서적은 거의 다 읽었을 거다. 그렇게 2년을 같은 곳에서 근무했고 회사에서도 인정을 받기 시작했다.

진짜 개발자가 된다는 것

2002년 월드컵이 끝난 후 A 은행의 기업 인터넷뱅킹을 개발하는 데 투입되었다. 당시 회사 입장에서도 은행 인터넷뱅킹으로의 영역 확장은 장기적인 성장에 중요한 의미가 있었다. 늘 그렇듯 낮을 낮처럼 밤을 낮처럼 일하다 보니 어느덧 테스트 기간이 되었다.

은행 프로젝트의 테스트는 단위 테스트와 통합 테스트로 나뉜다. 단위 테스트는 각각의 기능별 테스트를 의미하고 통합 테스트는 시나리오에 기반을 둔 전반적인 작동 테스트를 말한다. 단위 테스트와 통합 테스트 사이에는 성능 테스트가 잡혔고, 은행 시스템에서 제일 많이 사용하는 '로그인 후 전계좌 조회' 시나리오를 기반으로 테스트를 진행하기로 했다.

모두가 성능에 신경을 쓰고 있던 상황이었기에 퇴근 시간 이후에 테스트를 진행했음에도 '높으신 분'들까지 남아서 결과를 기다렸다. 부하량을 설정하고 1시간 동안 테스트를 진행했다. 지금은 정확한 데이터가 기억나지는 않지만 로그인 후 계좌 조회까지 3초 정도 걸렸던 것 같다. 부하 아래에서도 안정적인 응답 속도가 나와 속으로 안도의 한숨을 내쉬고 있는데, 은행 측 한 높으신 분이 분위기를 깨는 말을 했다.

"이런 속도가 나올 수가 없는데, 거래 안 하고 사기 치는 거 아니야?"

너무 황당한 말에 화가 나서 항의하려고 하니 회사 측 팀장님이 "그렇다면 거래 로그를 확인해보시죠"라고 대답했다. 당연히 보자고 할 줄 알았는데, 은행의 높으신 분은 더는 별말을 안 하고 "이렇게 빠르게도 된단 말이야?"라고 혼잣말을 중얼거리기만 했다.

누가 뭐래도 성능 테스트 결과는 성공적이었고, 오픈도 성공적으로 마무리되었다. 프로젝트 종료 회식을 할 때 은행의 부장 두 명이 참석해 프로젝트 성공을 축하해주었다. 은행에서 부장은 몇십 년을 노력해야 도달할 수 있는 직책으로 프로젝트 하나 잘 끝났다고 회식에 참석하는 건 드문 일이었다. 그 덕분인지 우리와 함께 프로젝트를 진행했던 은행 직원들도 좋은 평가를 받아 승진도 했다고 한다.

이런 식으로 몇 번의 프로젝트가 끝난 다음에야, 나는 명함에 쓰인 개발자란 이름이 어색하지 않게 되었다. 자신감도 생겼다. 지금까지 해온 프로젝트들을 무사히 잘 끝냈으니 '이제 나도 개발자인가?'라는 생각이 들었다. 돌아보면 아직 한참 멀었던 상태였지만 나름 즐거운 시절이었던 것 같다. 동료들과 밤새도록 개발에 관해 이야기하는 게 즐거웠다. 패턴이니 스레드니, 자바가 좋으니 C++이 좋으니, 오라클이냐 DB2냐, 아파치 톰캣으로 은행 서비스가 가능할 것인가 불가능할 것인가 등등 참으로 많은 이야기를 나누었다. 그때의 동료들은 지금도 자주 만나지만 이젠 그때처럼 개발 이야기를 하지는 않고, 가끔 그때 일들을 추억하며 즐거워하긴 한다.

어떤 일을 즐기게 되었을 때 진정으로 그 일을 사랑하게 되고, 그러면 어떤 힘든 상황이 오더라도 쉽사리 포기하지 않게 되는 것 같다. 1999년에 개발자로서의 커리어를 시작했지만, 3년이 지난 이 시기부터 진정 개발자의 일을 즐기게 된 것 같다.

새로운 분야에 눈뜨게 해준
리프레시 여행

2006년에 이직한 두 번째 직장은 서비스 운영을 주로 하는 회사였다. 생각보다 새로운 환경이 나와 잘 맞지는 않다고 느꼈고, 3년을 다니고 그만두었다. 이래저래 많이 지쳐 있었던 것 같다. 그래서 리프레시를 위해 여행을 조금 길게 다녀왔다. 잘 쉬는 것도 직장인으로 살아가는 데 중요한 일이라고 생각했다.

유럽을 꼭 한 번 가보고 싶었기 때문에 국가와 첫 도착지 숙소만 예약을 하고 유럽으로 떠났다. 첫 도착지인 파리의 인상은 정말 별로였다. 11월이었고 늘 흐리기만 한 날씨에 평소 운동은 하지 않던 나는 체력의 한계로 '내가 여기에는 왜 왔을까?' 하는 생각뿐이었다. 겨우 루브르 박물관과 오르세 미술관만 본 후 두 번째 목적지인 마드리드로 떠났다. 태양의 제국이라 불리는 스페인. 도착한 순간 알 수 있었다. 이래서 태양의 제국이구나 하는 생각이 절로 들 만큼 마드리드의 날씨는 파리의 날씨와는 정반대였다. 좋은 날씨와 맛있는 음식들 덕분인지 체력이 회복되어 비로소 기분 좋게 여행을 즐기기 시작했다.

여행을 떠날 때 여행을 위해 준비한 것들 중 아이팟 터치가 있었다. 아이팟 터치에 지도 앱과 여행서(전자책)를 담아 떠났다. 지도 앱은 네트워크를 쓸 수 없어서 쓸모가 없었지만 여행 책은 도움이 되었다. 여행을 다니면서 여행지의 느낌을 그때그때 메모로 남길 수 있어 특히 좋았다. 다만 영어라는 점이 조금 불편했고, 내가 다닌 길을 지도에 표시해서 볼 수 있는 기능도 없었다. 나중에 내가 어떻게 헤매서 그 장소에 도달했는지 알고 싶었는데 그러지 못하는 게 많이 아쉬웠다. 그래서 한국에 돌아가면 이런 걸 직접 만들어봐야겠다는 생각을 했었다. 매일 새로운 것을 보고 먹었고, 또 새로운 사람들을 만나면서 지쳤던 마음도 많이 회복이 되었다. 빨리 한국에 돌아가서 지금 생각했던 것들을 만들어보고 싶은 욕구가 넘쳐났다.

여행을 다녀온 후 다시 활력이 가득 찬 느낌이었다. 여행 때 생각했던 앱을 어서 만들고 싶었다. 여행 전에도 막연히 앱 개발을 해보고 싶다는 생각에, 무얼 어떻게 만들지도 모르면서 맥북은 구매를 해둔 상태였다(아이폰은 아직 한국에 출시되지 않았던 때였다). 여행을 통해 몇 가지 아이디어를 얻었고 이제 개발만 시작하면 되었다.

하지만 생각보다는 쉽지는 않았다. UI는 웹만 다뤄본 경험이 있어 모바일은 큰 벽처럼 다가왔다. 이게 보기보다 쉬운 게 아니라는 것을 알게 됐다. 그래도 '난 이걸 못 해'라는 생각은 안 했다. 이제껏 그래왔듯 공부하면서 어떻게든 하다 보면 분명 길이 보일 거라 생각을 했다.

이후 앱 개발과 관련된 프리랜서 일을 간간이 하기는 했지만, 정규적인 일이 필요했다. 그러던 중 지인의 추천으로 2010년 12월 한게임에 QA로 입사를 하게 되었다. 개발자인 내가 QA로 입사를 할 수 있었던 건, 당시 한게임은 플랫폼 특성상 개발을 할 줄 아는 QA를 채용했기 때문이다. QA를 배워볼 수 있다는 기대에 '그래 한번 도전해보자!'라고 생각하고 입사를 했다. QA로서 일하는 과정은 곧 프로젝트의 시작부터 끝까지를 계속 함께 확인하고 검증하는 과정이었다. 따라서 게임의 전체 개발 단계를 직접 경험할 수 있어서 좋았다. 1년 조금 넘게 QA로 근무하며 많은 걸 배웠고, 자신감에 긴장하지 않고 일하던 자신을 다시 돌아보게 되었다.

라인에서 게임 클라이언트 개발을 시작하다

2012년 3월, 회사의 정책적인 이유로 QA 조직이 해체되고 QA로 참여했던 개발팀 팀장의 제안으로 라인에서 게임을 개발하는 조직으로 이동을 하게 되었다. 당시 라인은 이제 막 시장을 늘려가던 상황이었기에 경험적인 측면에서 나에게도 하루하루가 매우 소중한 시기였다. 그때는 앱 개발자가 부족한 상황이었고, 프리랜서 때 앱을 몇 개 만들어본 경험을 기반으로 게임 클라이언트 개발에 참여하게 되었다.

게임 클라이언트를 만든 경험이 전혀 없다 보니 곧바로 '게임은 어떻게 만드는 걸까?', '저 많은 그림은 어떻게 저렇게 그려지는 거지?' 같은 의문에 부딪혔다. '잠을 좀 줄이더라도 공부를 하면서 개발해야겠다'라고 생각했지만, 이미 모든 개발자가 밤낮없이 야근하고 주말에도 출근하며 개발을 하고 있었다. 여태껏 해왔던 것처럼 '어떻게든 하다 보면 되겠지'라고 하기엔 아무것도 안 되는 상황이었다. '부족한 내가 왜 게임 클라이언트를 시작했을까'라며 나 자신을 매순간 원망했고 후회도 들었다. 회사를 그만둘까도 매일 생각했지만, 이대로 그만두는 것은 정말 싫었다. 자존심의 문제도 있었지만 정말 힘들면서도 동시에 게임을 만드는 일이 너무 재미있었다. 고통스럽지만 게임 클라이언트를 개발하는 방법을 하나씩 익히게 되고 그렇게 익힌 방법으로 잘 동작하는 기능을 만드는 것도 보람 있는 일이었다.

그러던 중 라인 게임 플랫폼에 유니티 지원을 추가하는 작업을 수행하게 되었다(그 전에는 라인 게임 개발팀에서 Cocos2d-x 엔진으로 만든 게임만 지원했다). 유니티 엔진을 공부하고 분석해 플랫폼을 수정하는 것뿐 아니라, 다른 업체도 이 새로운 플랫폼을 이용할 수 있게 기술 지원을 제공해야 했다. 처음에는 업체에 직접 나가서 적용을 도와주는 작업을 진행했었다. 2013년 말의 일인데, 오랜만에 다른 회사로 출근하여 기술 지원을 하는 내 모습에 옛 추억이 떠올라서 묘한 느낌이 들었다. 이후 게임 프로토타입 개발 진행에도 참여하긴 했지만, 주로 게임 클라이언트의 기반 시스템을 개발하는 작업을 꾸준하게 맡아 진행했다.

돌이켜보면 가장 힘들었던 그때 포기하지 않았기에 재밌는 개발 경험도 할 수 있었고 개발자로서 남들보다 상대적으로 다양한 것을 보고 배울 수 있었던 것 같다. 풀어야 할 문제도 많았고, 좀 더 재밌게, 좀 더 멋지게 보이기 위해 수없이 수정을 해야 했다. 게임 클라이언트는 어제 만든 걸 오늘 다시 만들어야 할 경우도 있고, 지난 한 달간 야근하며 만든 게 한순간 다 엎어지는 경우도 있었다. 이런 일이 사실 비일비재했다. 정말 쌍욕이 나오는 상황이 수시로 발생을 하는 일이 게임 클라이언트를 만드는 일이었다.

또한, 게임 클라이언트 개발을 하려면 모바일 환경의 다양한 예외 사항을 고려해야만 했다. 대표적으로 언제든 끊어질 수 있는 네트워크, 디바이스의 용량 한계, 스토어 운영사의 엄격한 심사 기준 등이 있다. 예외 사항 하나하나가 모두 다 큰 산을 넘는 도전 같았다. 문제는 예외 사항들이 뭉쳐져서 또 다른 예외 사항을 만들어내는 경우였다. 예를 들어 2015년 당시 3G 망에서 받을 수 있는 앱의 크기는 50MB로 제한되어 있었다. 게임은 이미지, 사운드 등의 리소스가 많아서 50MB를 넘는 경우가 많았다. 어떤 유저가 스토어를 둘러보다 게임이 재미있어 보여서 설치를 하려는데 시스템에서 용량이 크니 와이파이에서 받으라고 경고한다면, '나중에 와이파이 되는 곳에서 받아야겠다' 하는 유저보다는 다운로드를 포기해버리는 일이 훨씬 많을 거다. 최근에는 제약이 많이 완화되었지만, 당시 개발사는 어떻게든 50MB를 넘기지 않도록 게임 앱을 만들어야 했다. 그러기 위해 50MB에 들어가기에 너무 큰 리소스는 별도로 다운로드하게 하는 기능이 필요하게 되었다.

파일을 모바일 네트워크로 받는다는 것은 쉬운 작업이 아니었다. 언제든 끊어질 수 있는 네트워크와 제한된 디바이스 용량을 극복해야 하는 작업이다. 그래서 리소스 다운로드를 개발할 때 개발 및 기획은 최대한 발생 가능한 모든 상황을 고려해야 했다. 개발은 당연하지만 기획이 중요한 이유는 아무리 잘 만들더라도 예외는 발생하고, 또 시간이 걸리기 때문에 플레이어가 최대한 덜 지루하게 느끼게 만들어야 하기 때문이다. 즉 많은 데이터를 다운로드하더라도 기다릴 만하다고, 혹은 기다리는 시간도 재미있다고 느끼게 해줘야 하기 때문이다.

이런 기획과 개발 과정을 거치고 나면 게임의 주 타깃 서비스 국가로 출장을 가서 개발한 리소스 다운로드가 제대로 동작하는지 테스트를 해야 한다. 테스트는 실제 거리를 다니거나 지하철 등을 이용하는 이동 과정에서 게임이 잘 동작하는지를 확인하는 방식으로 진행하며, 이 과정을 필드 테스트라고 부른다.

나는 2017년 5월 일본으로 필드 테스트를 다녀온 적이 있었다. 종일 지하철을 갈아타면서 테스트를 했다. 한번은 도쿄의 JR선 중 한국의 2호선처럼 순환하는 라인을 몇 번이고 돌았는데, 나중에는 어지럼증이 날 정도였다.

그렇게 종일 도쿄의 이곳저곳을 다니면서 테스트를 끝내고 사무실에 복

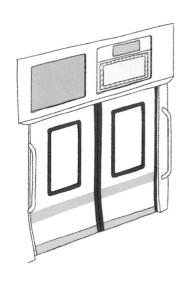

귀하면 완전히 지쳐서 밥도 먹기 싫고 얼른 그날의 테스트 결과를 취합하고 호텔로 돌아가서 쉬고 싶은 마음뿐이다. 테스트 결과를 정리하다 예상했던 예외 상황을 잘 처리한 데이터를 보면 피로가 싹 사라지는 기분이 들기도 했다. 물론 반대로 제대로 처리 못 한 경우에는 기운이 빠지기도 했다. "아! 이걸 왜 생각 못 했지?" 혹은 "생각은 했는데 설마 진짜 이런 경우가 발생할 줄이야" 하고 자책하고 있으면 같이 테스트를 간 동료가 "그래도 출시 전에 문제를 찾아서 다행이에요"라고 말해주어서 또 기분이 풀리곤 했었다. 지금도 그때 같이 출장을 다녀온 동료를 만나면 가끔 필드 테스트 때 이야기를 하며 웃곤 한다.

라인의 좋은 동료들
그리고 또 다른 기회

게임 클라이언트를 개발하면서 수없이 많은 좌절에 괴로워했지만 내가 개발을 끝내고 필드 테스트까지 잘 진행할 수 있었던 것은 나보다 앞서 필드 테스트를 진행했던 라인의 동료들 덕분이었다. 리소스 다운로더를 개발하는 노하우와 모바일 네트워크에서 발생 가능한 여러 다양한 예외 사항의 대응 방법에 대해 공유를 받은 덕분이었다. 해결책이 안 보이는 문제도 동료들과 이야기하다 보면 해결할 실마리를 찾게 되는 경우도 한두 번이 아니었다. 실마리는 찾았는데 이 방법이 맞는지 확인하려고 동료들과 토론한 적도 많다. 내가 게임을 만들 때 같이했던 동료들은 훌륭한 개발 능력과 게임에 대한 열정, 성실한 태도, 원만한 커뮤니케이션 능력 등을 동시에 갖춘 이들이었다.

게임 개발이 아닌 다른 부서로 옮기고 나서도 라인에는 멋진 동료가 너무나도 많다는 사실을 새삼 깨달았다. 그들과 함께 일을 하고 있다는 것만으로도 나 스스로 발전하는 기분이 든다. '이 나이에 내가 또 공부를 더 해야 해? 아, 난 정말 직업을 잘못 선택한 것 같아'라고 생각했던 예전의 내 모습을 반성하게 된다.

라인은 사내 공모를 통해 경력을 전환하거나 새로운 업무에 도전해볼 기회를 제공하고 있다. 나 역시 그 기회를 이용하여, 2018년 6월 모바일 보안 개발 업무를 하는 Mobile Risk Assessment 팀으로 이동했다. 처음에 보안 개발을 해보지 않겠느냐는 제안을 받았을 때는 제안을 거절했었다. 겨우 게임 개발에 적응해서 잘하고 있는데 굳이 왜 새로운 경험을 다시 해야 하나 싶었다. 힘은 들지만 익숙한 일과 익숙한 조직에서 일을 하는 게 더 마음이 편하게 느껴졌다. 그런데 마음 한구석에서 '이번이 마지막 기회가 아닐까?' 하는 생각이 들었고 더 늦기 전에 도전해보자는 생각에 팀을 옮기게 되었다.

예전에 해커에 끌렸던 적이 있긴 했다. 하지만 일시적인 호기심뿐이었고, 금융권 시절부터 게임 클라이언트 시절까지 데이터를 보호하기 위해 개발 일을 해오면서 든 생각은 '해킹 좀 안 하면 안 되나. 남들이 어렵게 만든 걸 왜 이렇게 거저 먹으려고 난리인 거지?'와 같은 부정적인 생각이었다.

그동안 보안에 관심이 많았고 나름 공부도 어느 정도 했다고 생각했지만, 사실 보안 관련 개발 경험은 데이터를 보호하기 위해 암호화를 적용한 정도가 전부였다. 그렇다 보니 보안을 위한 개발은 처음이라 배울 게 너무 많았다. 보안이 무너지는 것은 작은 취약점 하나가 시작이다. 그런 취약점을 찾아서 개발자 또는 서비스 제공자에게 알려주는 서비스를 개발한다는 것은 지금까지 내가 만들어온 서비스와는 또 다른 분야였다. 모 은행에 근무하는 친한 친구가 늘 하는 말이 있다.

"클라이언트의 보안은 큰 의미가 없어. 서버가 다 검증해야 해."

이 말은 반은 맞고 반은 틀렸다고 생각한다. 클라이언트는 해커의 손에 프로그램이 들어가기 때문에 보안이 매우 어려운 부분이므로 서버가 클라이언트의 데이터를 검증해야 하는 것은 맞다. 그렇다고 클라이언트의 보안을 안 하면 서버의 검증만으로 안전한 시스템을 구성하는 건 불가능하다. 의심되는 클라이언트 행위를 지속적으로 모니터링하고, 모니터링 데이터를 가지고 의심 유저를 분류해야 전체 서비스가 안전해지기 때문이다.

이번에도 역시나 괜히 고난의 길로 들어선 건 아닐까 하는 생각도 했지만 이왕 선택한 거 또 한 번 달려보자고 마음을 먹었다. 힘들기는 하지만 클라이언트 개발도 해봤고 서버 개발도 했던 경험이 현재 팀에서 하는 일에 많은 도움이 되고 있다. 보안이 클라이언트만의 일이라든가 서버만의 일은 아니기 때문이다. 라인에는 훌륭한 동료들이 많기 때문에 자기 일에 자부심을 가진 사람들과 함께한다면 못 할 것도 없을 거라 생각했다. 내가 가진 개발 경험을 새로운 팀의 동료들에게 공유하고 나는 동료들에게 배우면서 주어진 미션을 완성하기 위해 일하고 있다.

마치며

라인에서 2012년부터 2019년까지의 만 7년을 돌아보면 여러 기억이 떠오른다. 출시할 글로벌 게임의 안정적인 서비스를 위해 다양한 국적의 사람들과 회의를 했고, QA를 진행했으며, 네트워크 테스트를 위해 도쿄 지하

1부 라인 개발자의 일상

철을 종일 타고 내리고 환승하다 거리를 걸어다니기도 했던 기억이다. 라인 입사 전에 경험한 모든 것보다 훨씬 다채롭고 흥미로운 일이 많았다. 라인은 그 어느 회사보다 빠르게 성장 중이고 다양한 분야로 영역을 넓혀가고 있다. 이런 시기에 라인에서 근무를 하면서 나 역시 또 한 단계 개발자로 성장하고 있는 것을 느낀다. 라인에 오지 않았다면 게임 개발은 꿈도 꾸지 못했을 테고 보안 개발은 더 상상도 못 했을 것이다.

나는 2012년 라인에 합류할 때부터 이미 최고령자 그룹에 속해 있었지만, 라인에서 일하는 동안 연령에 관계없이 동료들에게 늘 배우고 있다. 그들은 성실하고 진실되며 자신의 일에 자부심이 있는 멋진 사람들이다. 일을 같이했던 동료들뿐만 아니라 회사에서 진행하는 여러 재미있는 이벤트에서 만나는 동료들 역시 '라인에는 괜찮은 사람이 많구나' 하는 생각을 더 굳히게 한다. 그들과 함께 일을 하다 보니 나 자신이 라인에 오기 전보다 조금은 나아졌다는 생각이 든다.

기회는 누구에게나 주어지지만 그 기회를 잡을 준비가 되어 있느냐 아니냐는 각자의 문제라는 것을 요즘 많이 느끼고 있다. 하루를 최선을 다해 사는 것은 어렵지 않다. 어려운 건 매일매일 최선을 다하는 것이다. 지치기도 하고 지루하기도 할 테니까.

"내일, 모레에 행복해지기 위해 사는 게 아니라 지금 당장 행복해야 한다."

한창 힘든 시기에 여러 인생의 선배들이 들려준 말이었다. 선물과도 같은 오늘, 행복하기 위해 지금 하는 일을 즐기고 재밌게 생활할 수 있다면 매일매일 최선을 다하며 살아갈 수 있을 것이다.

글로벌로 출근하는
라인 개발자

김택주

시애틀과 강원도를 사랑하는 개발자. 1년에 5개월은 반바지 차림으로 산다. 미국에서 스타트업과
아마존을 거쳐 현재 라인에서 메시징 서비스를 개발하고 있다.

11,045km의 거리와 7년의 시간

한국 대학에서 컴퓨터 과학 전공으로 학부를 마친 후 미국으로 유학을 떠나기로 결심한 이유는 단순했다. IT 산업이 가장 발전한 미국 현지에서 일해보고 싶은 욕심, 그리고 아이비 리그 대학에서 공부하는 것에 대한 막연한 동경이자 호기심, 그것이었다. 애초에 박사과정까지 마치는 것을 염두에 두고 떠난 유학이었다. 11,045km를 날아 한국에서 뉴욕에 도착한 첫날, 천장에서 물이 뚝뚝 떨어지던 맨해튼 어느 게스트하우스에서의 잠 못 이루는 밤과 함께, 유학 생활은 시작되었다.

석사과정은 짧다면 짧은 기간이지만, 개발자로서 나의 인생에는 중요한 출발 지점이었다. 석사 기간 연구에 동참했던 애플리케이션 가상화 application virtualization 프로젝트가 흥미로웠고, 관련 분야 스타트업에서 인턴십을 경험할 좋은 기회가 생겼다. 당시 미국에서는 2000년대 초 닷컴 붐 이후 다시 스타트업 창업 열기가 뜨거워지고 있었고, 나 역시 새로운 기회의 중심에 동참하고 싶었다. 통유리 밖으로 뉴욕 맨해튼의 마천루가 한눈에 보이는 허드슨강 옆의 사무실은 창문이 없어 언제 밤이 되었는지도 모르게 서버 소리만 웅웅대던 대학 연구실과 더욱 비교가 되어 매력적으로 느껴졌다. 100년도 넘어 비가 오면 물이 새고 쥐가 나오던 콩나물 시루 같은 뉴욕 지하철에 매일 아침 몸을 싣고 출퇴근하면서도, 20대 사회 초년생으로는 나름대로 뉴요커의 로망을 실천하며 살고 있다고 믿어서였는지 모르겠지만, 박사과정 진학에서 필드 경력 개발로 나의 진로와 관심사도 자연스럽게 수정되었다.

첫 직장에서 1년 6개월을 바쁘게 보냈다. 가상화된 애플리케이션을 관리하기 위한 코드를 개발하고 수많은 리팩터링 작업을 진행하면서 윈도우 기반 기술을 익히고 적용해보았다. 그렇게 본격적으로 비즈니스 도메인에서의 개발을 경험해보았지만, 동시에 스타트업 시장이 만만치 않다는 것도 알게 되었다. 아이디어나 기술이 성공의 핵심이기는 하지만, 그것만으로는 성공이 쉽지 않다는 스타트업 비즈니스 101을 몸소 체험할 수 있었다. 회사는 CEO를 새로 영입하고 다양한 파트너 회사와 제휴를 시도하는 등의 노력을 기울였으나, 좋은 결과를 내지는 못했고 펀딩 가능성도 잃게 되었다. 점차 동료들이 회사를 떠나게 되었고 나도 이직을 결심하게 되었다.

두 번째 직장은 뉴욕 유니언 스퀘어 근처에 위치한 서버 성능 모니터링을 서비스로 제공하는 스타트업이었다. 도심 한가운데면서도 빈티지한 문화와 역사적인 건축양식으로 유명한 이 지역에 위치한 회사는 엘리베이터도 없는 오래된 건물 4층에 삐걱대는 원목 바닥이 인상적인 곳이었다. 당시 많은 스타트업이 클라우드 베이스로 서비스를 하고 있었지만 성능 측정을 위한 효율적인 솔루션이 많지 않은 상황이었다. 전 직장과는 기술 베이스도 다르고 비즈니스 도메인도 달랐기 때문에 새롭게 공부할 부분도 많고 적응해야 할 사항도 많았다. 이전에는 주로 시스템 레벨 기술을 썼다면, 이제는 백엔드를 위한 서버 기술과 스토리지 기술을 익혀야 했다. 또 서비스에 문제가 생기면 백엔드를 담당하는 내가 직접 대응해야 했다. 장애는 밤낮과 주말을 가리지 않았고, 이에 신속하게 대응해야 하는 온콜 업무는 24시간 매일 지속되었다. 돌이켜보면 힘든 상황이지만, 당시에는 새로운 환경에 적응해나가고 기술을 익혀 적용하는 재미에 푹 빠져 열정적으로 일했다. 소규모 조직이어서 내가 리드할 수 있는 부분과 공헌할 수 있는 것이 많았고 기술적으로도 정말 빠르게 성장할 수 있는 시기였다.

대다수의 개발자 동료는 대학을 졸업한 지 얼마 안 되는, 꿈과 열정을 가진 사람들이었다. 이야기도 잘 통하고 취미까지 잘 맞았다. 쉬는 시간에는 사무실 중간에 탁구대를 설치하여 같이 탁구를 치기도 하고, 주말에는 맨해튼의 멋진 뷰를 감상할 수 있는 루프톱에서 바비큐를 구워 먹기도 했다. 사무실에서 키우던 유기묘 '로지'는 흰색과 회색 털이 세련된 느낌을 주었는데, 누가 데려왔는지 정확하게는 모르지만 오래된 뉴욕 건물에 자주 출몰하

는 쥐를 쫓기 위함이라는 소문이 있었다. 햇빛이 드는 창가, 프린터, 컴퓨터 등 주로 따뜻한 곳에 자리 잡고 낮잠을 즐기던 로지를 위해, 주말에는 팀원들이 당번제로 먹이를 주러 오기도 했다. 영화에서 보아왔던 그런 스타트업의 모습이었다. 다소 낯설기도 하면서 재미있어서, 사실 주말 고양이 집사 노릇이 싫을 법도 하건만 한 번도 불평하지 않았다. 나도 동료들도 회사와 팀(로지 포함)에 애정을 가지고, 열정적으로 재미있게 개발에 몰입하던 시기였다.

하지만 스타트업으로서 지속적으로 펀딩을 유치하는 것은 쉽지만은 않은 일이었다. 회사와 유사한 솔루션을 제공하는 경쟁자들이 등장하여 발 빠르게 성장했고, 수많은 스타트업 가운데 독보적인 존재감을 과시하며 투자자들을 설득하는 건 쉬운 일이 아니었다. 지금 와서 생각해보면 개발 쪽보다는 마케팅 역량이 부족했던 것이 아닐까 싶다. 재미있게 일하고 많은 것을 배웠지만 스타트업은 리스크가 존재할 수밖에 없다는 것을 다시금 몸소 깨닫게 되었다. 동시에 스타트업보다 비즈니스적으로 안정적인 직장으로 가는 것이 어떨까 하는 생각이 들었다. 개발이나 운영적으로 좀 더 성숙한 조직은 어떻게 일하는지 직접 뛰어들어 경험해보고 싶다는 의지도 있었다.

전 세계적으로 가장 큰 전자상거래 기업인 아마존이 뉴욕에서 리크루팅을 한다는 소식에 면접을 보고 합격한 것은 개인의 삶에서도, 개발자로서의 내 커리어에서도 여러모로 큰 변화의 지점이었다. 사실 이직을 앞두고 고민이 많았다. 당시 아내는 뉴욕에서 박사과정 중이었고 아마존은 미국 북서부의 가장자리 시애틀에 있어서, 거주지를 옮긴다면 아내의 학업에 부담을 줄 수 있을 것 같아 우려가 되었다. 뉴욕과 시애틀은 비행기 시간만 6시간 이상 걸리는 거리다. 비행기 6시간이면 한국과 싱가포르 정도의 거리여서 물리적으로도, 심리적으로도, 또 문화적으로도 멀고도 다른 곳이 뉴욕과 시애틀이다.

흔쾌히 이직과 이주를 결정할 수 있었던 것은 홈 파인딩 트립home finding trip과 포장이사부터 배우자 취업까지, 초기 정착 지원에 비용과 혜택을 아끼지 않는 아마존의 복지 프로그램 역할이 컸다. 홈 파인딩 트립을 통해 회사의 초대를 받아 미리 시애틀을 방문하여 이사할 집을 알아봤고, 주변 지역과 스타벅스 1호점 등 유명 관광지도 탐방해봤으며, 회사에서 앞으로 일하게 될 사무실과 동료들도 만나볼 수 있었다.

시애틀은 미국 IT 핵심 지역으로서 도시적이고 현대적인 모습과 광활한 자연이 조화롭게 어우러진 풍경이었다. 뉴욕과 비교해봤을 때 사람들은 한결 여유로운 모습으로 레저와 워라밸을 즐기며 살아가는 듯했고, 프랜차이즈부터 동네 카페까지 어디를 가도 맛있는 커피를 찾을 수 있었다. 작은 로컬 브루어리들이 만드는 특색 있고 맛있는 수제 맥주의 천국이기도 했다. 이러한 시애틀의 매력에, 나도 아내도 짧은 시간이었지만 매료되었다. 아마존이라는 글로벌 기업에서 일할 기회를 놓치기 아까운 것은 물론이었다. 그렇게 뉴욕에서의 4년의 시간을 마무리하고, 4,600km를 날아 서부 시애틀의 아마존에서 새로운 챕터를 시작했다.

정글의 법칙, 아마존

Amazon Clicks라는 팀에서 일을 시작했다. 아마존 웹사이트에 상품을 파는 셀러들이 상품에 대한 광고를 만들 수 있게 해서 클릭 광고를 보여주는 비즈니스를 담당하는 조직이었다. 나는 광고주들을 위한 시스템을 설계하는 업무를 담당했다. 첫 1년은 개발자로 일했고, 이후에는 팀 내 개발 리더 역할도 함께 수행했다.

아마존이 그 전까지 일했던 스타트업과는 다르게 좀 더 성숙된 조직과 문화를 가지고 있었다고 느낄 수 있었던 지점은 다양했다. 우선 팀 내부적으로 목표가 분명했고 사람들의 역할도 체계적으로 나뉘어 있었다. 팀의 비즈니스도 탄탄했다. 기술적으로는 이전 스타트업에서 내가 손수 구축해야 했던 많은 시스템, 예를 들면 모니터링이나 배포 등이 이미 잘 갖춰져 있어 효율적으로 맡은 업무에 집중할 수 있었다. 나는 아마존의 체계화된 조직 문화를 좋아했다. 당시 회사는 미국에서 가장 빠르게 성장하고 있는 IT 기업으로 시장을 선도하고 있던 터라 우리 팀과 비즈니스가 지속적으로 성장해 나가는 것 또한 자랑스러웠다.

나는 광고 소싱 시스템을 스케일링하는 과제를 수행하고 팀을 이끄는 역할을 담당했다. 광고 데이터의 규모가 커져가고 소싱을 위한 추가 데이터가 증가하자 이를 더 빠르고 안정적으로 처리할 수 있는 기반이 필요했다. 오픈소스로 공개된 기술과 아마존 내부적으로 개발된 기술을 익히고 접목하며 이를 위한 시스템을 직접 설계하고 구현하는 것에 집중했다. 관련 업무에 전문성을 지닌 시니어 개발자가 많아 시스템에 문제가 발생했을 때 토론과 배움의 기회를 갖고, 소통과 협력을 통해 시스템을 개선해나갈 수 있었던 것은 아마존과 같은 대기업에서 느낄 수 있었던 장점이었다. 고도화된 광고 소싱 시스템이 생기자 광고 사업 부서 담당자들은 광고주를 위한 더욱 다양한 기능을 추가하고 싶어 했고, 나도 사업팀과 자주 만나며 개발 피드백을 주고받았다. 자연스럽게 기술 외적으로 비즈니스에 대한 거시적인 이해와 조직 운영에 대한 경험치가 쌓여갔다. 조직 내 유일한 한국인 개발자라는 위치가 처음에는 다소 어색하게 느껴졌으나, 업무를 통해 어느새 자연스럽게 융화되는 듯했다.

아마존에서 마주한 새로운 기업 문화도 신선하게 다가왔다. 시애틀의 젊고 역동적인, 소위 '힙한' 분위기와 사람들의 성향이, 회사의 일하는 분위기나 팀원들이 어울리는 방식에도 영향을 미치는 것 같았다. 미국, 중국, 인도, 캐나다, 폴란드 등 여러 국가 출신이 모여 팀원들의 개성과 취미도 다양했다. 점심에는 회사 주변에 즐비한 푸드트럭에서 점심 메뉴를 골라 사 먹기도 하고, 오후 쉬는 시간에는 탁구를 치며 머리를 식히고 나름대로 단결과 협력을 도모하기도 했다. 금요일 오후 4시부터 시작되는 Beer O'clock에는 다 같이 층별 라운지에 모여 맥주를 마시며 테이블 축구 같은 게임을 즐겼고, 핼러윈이나 크리스마스에는 파티를 하고 작은 선물을 주고받기도 했다. 여름에는 사무실 바로 앞에 위치한 〈시애틀의 잠 못 이루는 밤〉의 배경이자 수상 가옥이 장관을 이루는 유니언호에서 카약을 즐기며 도심 속 자연을 만끽하는 여유를 부리기도 했다.

그렇게 3년간 몰입해서 일했고, 개발자로서 커리어적으로도 성장했다. 다만 아내가 학업을 마친 후 다른 주(이번에는 뉴욕보다 더 멀리 떨어진 미국 북동부 최단)에서 일을 하게 되어 2년 정도 장거리 부부 생활을 하며 떨어져 지낼 수밖에 없었던 개인적인 상황이 아쉬웠다. 각자 커리어적으로 매우 중요한 시기였고, 직장에 대한 만족도도 높았던 시기였던 탓인지 밤 비행기를 타고 오가며 장거리 생활을 이어가면서도 힘든 줄을 몰랐다. 그러나 이를 얼마나 지속할 수 있을지에 대한 고민은 계속되었다.

그러던 중 아내가 좋은 기회에 한국으로 이직을 하게 되었다. 나 또한 아마존에서의 커리어와 향후 개발자로서의, 그리고 개인으로서의 삶의 방향에 대해 고민했다. 아마존에서 한창 개발자로서 성과를 내고, 조직 내에서도 인정받아 다양한 리더십의 기회가 주어지던 시기여서 회사를 떠나는 것에는 아쉬운 마음이 컸다. 그러나 이를 터닝 포인트로 삼기로 했다. 돌이켜보면 새로운 기회 앞에서 주저하지 않고 도전을 선택했던 것이 개발자로서 나 자신이 성장할 수 있는 동력이자, 스타트업부터 글로벌 기업까지, 시스템부터 백엔드까지 여러 포지션에서 다양한 경험을 할 수 있었던 바탕이었음을 깨달았다.

한국으로의 이직을 결심하면서, 글로벌 메신저로 급성장 중이던 라인을 눈여겨보게 되었다. 아마존에서 광고 관련 일을 하면서 들었던 생각이자 바람 중 하나는 실제 사용자에게 피드백을 받을 수 있는 프로덕트를 만들고 싶다는 것이었다. 라인의 비즈니스는 이에 딱 맞는 컨슈머 프로덕트, 그리고 새로운 도메인에서의 일이기도 했다. 한국뿐만 아니라 일본, 태국 등 아시아 전역에서 성공적으로 비즈니스를 펼쳐가고 있다는 점도 매력적으로 느껴졌다. 글로벌 전자상거래 시장을 바탕으로 한 아마존에서의 경력과 해외 경험이 라인과 잘 매치되지 않을까 예상했고, 개발적으로도 조직적으로도 공헌할 수 있는 부분이 있다고 생각했다. 그렇게 11,045km를 다시 돌아와, 라인의 메시징을 담당하는 개발 4실에 합류해 지금까지 약 5년 가까이 일했다. 지난 10년간 개발자로 일한 시간 중 어느덧 라인에서의 경력이 그 절반을 차지하게 되었다.

라이너 일병 구하기

'라이너LINER 일병'이라는 이름을 스스로 붙여본 것은, 입사 초기부터 지금까지 실패와 도전을 통해 다양한 성취와 성장통을 겪으면서 시니어 개발자로 한 발자국씩 나아간 나 자신에 대한 비유이다. 가라앉거나 헤엄치거나 sink or swim, 스스로 구하고 살아남아야 하는 것이 대규모 조직에서 자신의 입지를 구축하고 생존해야 하는 개발자의 숙명이다. 동시에 팀원 및 선후배 개발자들과의 협력과 팀워크를 통해 서로 손을 잡아주고 이끌어 구해주는 동지애 또한 개발자 개인과 조직의 동반 성장을 위해 반드시 필요하다. 지난 5년간 경험한 라이너 일병의 좌충우돌 적응과 성장, 그리고 생존에 대해 회고해보고자 한다.

한국에 돌아와 라인에서 근무를 시작한 후 맞닥뜨린, 가장 직접적인 어려움은 다시 시작된 출퇴근 전쟁과 한창 심해진 미세먼지 같은 외부적인 환경 요인이 컸다. 한적한 소규모 도시에 살다가 다시 사람들로 북적북적한 대도시로 돌아오니 얼마간 재적응 기간이 소요되었다. 출퇴근 시간 지하철의 인파와 고농도 이산화탄소는 뉴욕 지옥철의 악몽을 되살리며 현기증을 유발했고, 거기다가 급격히 나빠진 서울 공기는 시애틀에서 치유되었던 비염을 악화시키면서 정신적, 육체적 피로도가 높아지는 느낌이었다. 내부 요인으로는 미국 기업과 다른 조직 문화와 업무 스타일이 다소 생소하게 느껴졌다. 기존에 근무시간 위주로, 이메일 중심으로 이뤄졌던 비동기 커뮤니케이션에서, 수시로 울리는 메신저를 보며 즉각 답하는 실시간 커뮤니케이션으로 전환해야 했는데, 적응하기가 만만치 않았다. 매우 빠르게 이뤄지는 정보 교환과 의사결정이 장점이라면, 업무 집중도가 낮아지고 몰입을 방해한다는 단점도 있었다.

그럼에도, 소위 '카더라 통신'으로 들은 한국 IT 업계의 기업 문화에 대한 부정적인 뜬소문을 목격하거나 경험하지 못한 점은 다행스럽게 여겨졌다.

사실 한국으로 다시 돌아간다고 했을 때, 주위에서 축하보다는 우려를 많이 표했다. 수직적인 조직 문화와 보수적인 분위기 때문에 자율성이 보장되지 않는다거나 강도 높은 업무에 비해 직원들에게 주어지는 복지 혜택이 형편 없다는 이야기가 대부분이었다. 더욱 걱정되었던 점은 개발자(라고 쓰고 공돌이라고 읽는다)들에게 의사결정 권한이 없어 기획이나 마케팅에서 요구하는 기능을 단순히 구현하는 도구적인 역할에 지나지 않는다는 말이었다.

하지만 다행스럽게도 라인에서 일하기 시작한 몇 달간, 그리고 지금까지도 이러한 단점은 발견하지 못했다. 있다 하더라도 국가를 막론하고 어느 회사에나 있을 정도의 최소한의 것들이었다. 가끔씩 안부를 묻는 이전 직장 동료나 친구에게 이렇게 말해주면 꽤나 놀라는 눈치였다. 오히려 커리어를 쌓아갈수록 이전의 경험과는 다른 새로운 조직 문화의 면모와 장점을 많이 발견할 수 있었다.

라인에 입사했을 때 가장 인상 깊었던 부분은 조직 내 시니어 개발자들의 비율이 높고 각자의 전문성 또한 매우 뛰어나다는 것이었다. 네이버에서 증권 서비스 등 10여 개의 서비스를 출시해본 경험이 있는 베테랑부터 '첫눈'이라는 초기 검색엔진부터 네이버 저팬 검색까지 참여했던 개발의 고수까지, 다양한 분야의 경력을 가진 뛰어난 개발자들이 모여 있었다. 이런 구성원들의 면모는 라인이 만들어낸 시스템과 결과물에서도 여실히 드러났다. 우선 아이디어를 현실화하는 개발과 구현의 속도가 매우 빨랐다. 복잡하고 여러 컴포넌트로 구성된 변경도 단기간에 개발 및 테스트를 끝내곤 하여 업무 효율성이 높았다. 코드의 설계도 탄탄했고, 품질도 높았다. 프랙티스도 체계적으로 갖춰져 있어서, 코드 리뷰를 꼼꼼히 하고, 테스트도 효과적으로 실시했다. 특히 다양한 사건 사고와 장애를 대비해 스토리지 레이어에 이중화 작업이 상세하고 촘촘하게 짜여 있었다. 개발자를 위한 학습과 성장을 위한 환경이 매우 체계적으로 잘 갖춰져 있는 셈이었다.

　서비스에 문제가 발생할 때마다 모든 개발자들이 뛰어들어 이슈를 해결하는 모습과 적극성 또한 인상적이었다. 지금은 안정되어 있지만, 입사 당시에는 라인 메시징 서버에서 크고 작은 트러블이 빈번했다. 네트워크 끊김, GC 문제의 지속적인 발생, 과도한 트래픽을 유발하는 어뷰저의 공격, 비즈니스 로직상의 버그, 스토리지 부하 등 다양한 부분에서, 가끔은 상상을 초월하는 영역에서 이슈가 생겼다. 그때마다 거의 모든 멤버가 여러 가지 가설을 가지고 토론하여 문제를 해결했다. 예를 들어 아파치 톰캣의 스레드가 과도하게 사용되고 있다는 알람이 울렸다고 하자. 보통 2분 이내에 누군가가 알람이 울렸다는 사실을 메신저에 보고한다. 그러면 해당 사실과 연관되는 여러 메트릭에 대한 정보, 스택 트레이스 등이 공유된다. 관련된 변경에서 원인을 찾기도 하고 늘어난 트래픽에서 문제를 유추하기도 한다. 토론 끝에 원인에 대한 결론이 나면 필요한 액션 항목을 정리하고 분석을 마친다. 이런 과정을 접하며, 개발자의 성장과 역량 개발의 한 축은 장애와 트러블에 대응하며 문제해결 능력을 키워나가는 데 있지 않나 하는 생각을 하게 되었다.

　국경의 경계를 넘어 다양한 국적의 사람과 일할 수 있고 글로벌, 다문화 역량을 기를 수 있다는 점은 라이너로 일하면서 느낄 수 있었던 성과이자 가장 큰 자부심이기도 하다. 라인은 한국 네이버의 자회사이지만, 일본과 한국에 본사를 두고 메시징 서비스를 개척하여 현재는 일본 국가 기간망과 유사한 지위와 중요도를 가지고 있다. 일본 팀과의 업무 협력이 기본 바탕이기 때문에, 회의나 메신저에서도 한국어, 일본어 두 언어의 동시 통번역이 이루어진다. 특히 입사 초반 스티커 스토어 서비스 개발 업무를 담당하던 시기에는 일본 개발자들과 협업할 부분도 많았고, 도쿄와 후쿠오카 등 일본 출장도 잦았기에 일본어 공부에 매진하기도 했다. 처음에는 시부야 다운타운 중심부 호텔에 묵으면서 도쿄 직장인들의 바쁜 일상생활을 관찰하기도 하고, 맛있는 초밥과 우동을 찾아다니는 식탐의 재미에 출장이 좋았다. 그리고 점차 언어와 문화, 비즈니스 스타일 등 다양한 영역에 대한 지식과 전문성을 갖추어야 한다는 의무감과 학습 의욕이 생겼다. 회사 지원으로 2년여간 일본어를 배울 수 있었고, JLPT(일본어능력시험) 3급 자격증을 따기도 했다.

또한 라인의 시장 규모가 점차 커지다 보니 아시아권 전역으로 업무 영역이 확대됨을 경험할 수 있었고, 더욱 다양한 국가의 사람들과 협력할 기회도 증가했다. 글로벌 경쟁력과 외국어 능력도 중요하지만, 다문화적인 감수성과 문화에 대한 이해 및 관용적인 태도를 함양하는 것도 국가 간 협업에 매우 중요했다. 예를 들어 인도네시아는 이슬람 문화권으로, 종교적인 단어 및 이미지 선택이나 라마단 기간의 풍습과 생활 모습 등을 반드시 고려해야만 로컬에 최적화된 서비스를 제공할 수 있다. 케이팝의 인기도 높아 대중문화의 특징과 10대 주도의 메신저 사용 특성 또한 주목해야 할 필요가 있다. 20대 중반에 인상 깊게 읽었던『교양있는 엔지니어』라는 책 제목이 실전 업무에서 다시금 마음에 와닿는 순간들이 바로 이런 때였다.

업무 협력뿐만 아니라 채용과 리크루팅도 글로벌하게 이루어졌다. 나는 미국 유학과 현지 경력을 이유로, 주로 영어 면접이 요구되는 글로벌 채용에 자주 차출(?)되었다. 처음에는 바쁜 업무와 일과를 핑계로 다소 투덜대기도 했는데, 수많은 글로벌 인재를 직접 대면하고 이들의 장단점도 파악하고, 라인이 추구하는 인재상이나 회사의 비전에 대해서도 더 명확하게 파악할 수 있는 일이라 지금은 싫지 않은 업무이기도 하다.

개발자에게 문화적 다양성을 접하고 글로벌 역량을 개발하는 것이 어떠한 긍정적인 영향을 미치는지 처음에는 명확하게 인지하지 못했다. 별다른 생각이 없었다는 것이 오히려 맞을 수 있다. 그러나 중요한 깨달음은 다양한 문화와 언어, 국적 출신의 다양한 성격과 장점을 지닌 사람이 함께 일할 때 조직의 역동성이 강화되고, 다각적인 시각에서 고품질의 서비스와 솔루션을 제시할 수 있다는 점이다. 개인의 의견 차이로, 문화적 오해와 몰이해로, 언어 차이로 어려움을 겪기도 하고, 본연의 업무보다 커뮤니케이션에 시간과 노력이 집중될 때도 물론 있다. 하지만 다양한 관점이 모여 민주적이고 수평적인 토론이 이루어지고 개선이 이루어질 때, 팀이 성숙하고 조직이 성장한다는 점은 분명했다. 나 또한 언어, 문화, 조직 구조, 의사소통 방식 등이 다양한 팀을 거치고 리드하면서, 이 점을 확실하게 깨달을 수 있었다.

광장의 중심에 서서

2016년 기획과 구상을 시작하여 2019년에 이르기까지, 라인스퀘어LINE SQUARE(2019년 8월 OpenChat으로 명칭 변경)는 내가 배 아파 낳은 자식과도 같다. '광장'이라는 뜻을 가진 스퀘어square는 쉽게 말해 불특정 다수의 사람이 만나서 관심 있는 주제에 대해 대화를 나누고 커뮤니티를 꾸릴 수 있는 채팅 서비스다. 2017년 출시된 이후, 현재 인도네시아, 태국에서 서비스 중이며 2019년 8월에는 라인의 가장 큰 시장인 일본에 오픈되었다.

라인스퀘어 개발 프로젝트를 시작하면서 개발자로서의 경력도 전환기를 맞았다. 초기에는 서버 개발을 리드하는 개발자 포지션으로 시작했으나, 서버 리드, 개발 리드, 그리고 데이터와 성장을 리드하는 자리로 내 역할과 책임은 조금씩 변화해갔다. 역할이 바뀌면서, 혹은 역할을 주도하면서 나의 아이디어와 비전을 프로젝트에 반영할 수 있는 기회가 늘어갔고, 이에 따라 라인스퀘어의 개발 방향도, 팀을 리드하는 방식도 나름 여러 가지 실험과 도전을 거쳤다. 성공의 달콤함과 실패의 쓴맛을 동시에 맛볼 수 있었다. 개발자로서 자신의 아이디어를 구현하여 프로덕트를 개발하고 성장시키는 일은 마치 아이를 낳아 기르는 것처럼 기쁨과 보람이 넘치지만, 동시에 두통, 불면, 탈모, 변비를 동반하는 스트레스와 막중한 책임감, 시행착오가 가득한 일이기도 했다.

— 2019년 8월 일본에 출시된 OpenChat 화면

초창기에는 오롯이 개발, 특히 서버 개발에 집중했다. 프로젝트의 첫 번째 목표는 실시간 채팅 서비스의 대규모화에 대한 새로운 시장의 니즈를 반영하고 구현하는 것이었다. 기존에 비해 100배 이상 많은 유저가 참여할 수 있고, 10배 이상 많은 유저가 실시간으로 대화할 수 있는 기반을 마련해야 했다. 이를 위해서는 기존의 메시징 서버에서 발견한 구조적인 문제점들을 해결해야 했다. 두 번째 목표는 새로운 기술 적용이었다. 자바 8에 추가된 람다lambda를 비롯한 다양한 기능, 비동기 프로그래밍을 위해 라인에서 개발한 오픈소스 프로젝트인 Armeria, 비동기 프로그래밍을 위한 프레임워크 RxJava, 컴포넌트들 간의 메시지 전송을 위한 카프카Kafka 등을 사용하기로 결정했다. 두 가지 목표 모두 상당히 도전적인 과제였다. 이를 위해 스토리지를 디자인하고 API를 설계하면서 라인의 트래픽을 견뎌야 한다는 엔지니어링적인 기준에 따라 일했다. 새로운 기술을 적용하는 과정에서 시행착오도 겪으며 기술에 대한 프랙티스를 하나씩 익히며 팀원들과 함께 서버를 만들어나갔다.

기술적인 요소에 치중하느라 사용자의 입장에서 서비스에 대한 고민을 많이 하지 못했던 것이 초창기 나의 모습이었다. '기능을 잘 만들면 자연스럽게 많은 사람이 쓰지 않을까' 하고 다소 순진하게 생각했던 것이 사실이다. 기존에 라인이 출시된 여러 국가에 라인스퀘어 서비스도 오픈하는 것이 당연하다고 생각했고, 그 이면에 상품성, 마케팅 등 무엇을 어떻게 고려해야 하는지 잘 몰랐다. 성공 여부에 대해서도 쉽게 생각했던 것 같다. '사람들이 관심과 흥미를 가지면 잘되겠지' 정도의 근거 없는 자신감과 기대만 있었고, 실패의 경우의 수와 뒤따르는 결과 및 그에 대한 책임에 대해서는 크게 신경 쓰지 못했다. 서비스를 개발했으니, 홍보와 확산은 마케팅 전문가들이 담당하면 된다고 믿었다. 프로토타입의 결과를 처음으로 시연하던 날, '무사히 작동'하는 결과에 기쁨을 만끽할 때까지만 해도 그러했다. 그러나 이후 실제 서비스를 출시하기까지는 약 1년이라는 생각보다 오랜 시간이 걸렸다. 지난하게 느껴졌던 시간이었다.

이유는 여러 가지가 있지만, 가장 주요하게는 처음부터 기획된 기능이 많았다는 점을 들 수 있다. 지난 몇 년간 라인의 사용자 경험을 향상시키기 위해 개발한 수많은 기능이 이 새로운 서비스에도 작동할 수 있도록, 단순한 복제가 아닌 라인스퀘어 맞춤형으로 개선해야 했다. 그러면서도 성능은 수억 명이 동시에 쓰는 라인 메시징 서버 기준에 맞춰야 했다. 지연 시간latency은 최대한 줄여서 유저들이 불편함을 느끼지 않도록 해야 했고, 처리량throughput은 최대한 올려서 많은 유저를 지원해야 했다. 프로젝트의 범위와 방향성이 바뀌는 경우에는 협력 부서별 의견 조율이 필요한 부분도 늘어갔다. 예를 들어 개발팀에서는 한 가지 기능씩 순차적으로 선보이고 배포하기를 원했지만, 마케팅이나 사업 관점에서는 많은 기능을 종합적으로 탑재한 풀 패키지full package 상품을 한날한시에 출시해 오픈 효과를 누리는 것을 선호했다. 어떤 개발 업무에서나 발생할 수 있는 일반적인 상황일지 모르지만, 리드의 입장에서 프로젝트를 이끌어나가고, 관점과 전문성이 상이한 팀원들과 협력하며 책임 있는 의사결정을 내리는 것은 쉬운 일이 아니었다.

2017년, 한국과 인도네시아에 라인스퀘어 서비스를 선보였다. 초반에 뜨거운 반응을 받으며 유저들이 내가 만든 서비스를 사용하는 것을 보니 감격스러웠다. 설계한 대로 잘 동작하는 프로덕트를 볼 때의 짜릿함도 맛봤다. 그러나 기쁨과 설렘도 잠시, 실사용 시 여러 문제점이 발견되었다. 우선 스팸이나 어뷰징 이슈를 다루는 일의 범위와 규모가 만만치 않았다. 개발자의 의도와 예상 가능한 방식으로 서비스를 사용하는 유저도 있었지만, 때로는 상상을 뛰어넘는 예측하지 못한 방향으로 사용하는 유저도 많았다. 의미 없는 단어와 문장을 반복하거나 스티커를 무한히 보내면서 타인의 대화를 방해하여 피로도를 높이는 사례, 대화방에서 나간 멤버들을 반복적으로 초대하면서 괴롭히는 경우는 그래도 귀여운 수준이었다. 선정적이거나 혐오감을 주는 사진이나 동영상을 유포하여 서비스의 질을 낮추는 경우도 나타났다. 서버 성능 이슈도 드러났다. 트래픽 과다로 순간적으로 스토리지에 부하가 높아지기도 하고, 버그로 GC 부하가 높아져서 지연이 늘어나기도 했고, 설계한 API 프로토콜에서 구멍을 발견하기도 했다. 사용성을 해치는 미세한 UI 버그도 많이 발견했다. 론칭 직후에는 이렇게 발견한 문제점들을 해결하는 '애프터 서비스'에 중점을 두고 개선을 진행했다.

2018년에는 더 큰 시장인 태국에서 서비스를 오픈했다. 생각과 달리 한 국가에 서비스를 추가적으로 출시하고 운영하는 것은 쉬운 일이 아니었다. 법무 검토, 보안 이슈를 기본적으로 챙겨야 함은 물론이고, 마케팅 및 운영을 지속적으로 담당할 팀을 꾸리고 세부적인 계획을 수립해야 했다. 태국에서 이미 진행하는 다른 사업과의 연관성도 꼼꼼하게 고려해야 했다. 문화가 다르고 시장 상황이 다르기 때문에 서비스에 등장하는 문구나 디자인을 수정하고 업데이트하는 일도 다반사였다.

여러 국가에서 서비스를 출시하면서 얻은 가장 중요한 교훈을 결론부터 말하자면, 좋은 기능을 가진 서비스를 출시하면 자연스럽게 유저들이 증가할 것이라는 가정이 틀렸음을 인정해야 한다는 것이었다. 초기에 반짝 나타난 유저의 증가와 인기는 잠시, 성장은 예상보다 더뎠다. 이를 극복하기 위해 많은 리소스와 시간을 들여 소비자가 요구(한다고 생각)하는 새로운 기능을 업데이트했다. 예를 들어 게시판을 넣어서 유저들이 포스트를 공유할 수 있도록 만들었고, 스퀘어를 탐색할 수 있는 페이지를 개편해서 새로운 콘텐츠를 더 쉽게 추가할 수 있도록 했다.

이러한 후속 노력에도 예상보다 낮은 호응을 받는 경우도 있었고, 오히려 유저의 수가 감소하는 뼈아픈 상황을 목격하기도 했다. 노력에 대한 결과가 가시적으로 드러나지 않는 상황이 몇 차례 반복되자 기운이 빠졌다. 팀원들도 다소 의기소침해지는 것 같아 미안한 마음이 들었다. '과연 내가, 그리고 우리가 잘하고 있는 걸까?' 의문이 들 수밖에 없었다. 팀 내외부적으로 이런 논의를 지속하고 끊임없이 문제 제기와 성찰의 시간을 갖게 되면서 자연스럽게 내 역할도 서버 개발보다는 개발 전체를 대표하는 방향으로 바뀌게 되었다. 유저의 니즈에 대한 근거는 무엇인가, 서비스의 우선순위는 무엇인가, 서비스 업데이트 후 개선 여부를 어떻게 검증할 것인가, 이 세 가지 질문에 대한 답을 찾기 위해 끈질기게 매달렸다.

데이터에서 답을 찾다

내 결론은 데이터 기반 의사결정, 즉 실증 데이터와 근거를 바탕으로 한 과학적인 방법론을 적용해 문제를 해결해야 한다는 것이었다. D^3 data-driven decision making 솔루션이라고 스스로 이름도 붙여봤다. 유저의 서비스 사용 패턴에 대한 데이터를 분석하여 니즈에 대한 가설을 설정한다. 이 가설은 모두가 이해할 수 있을 만큼 최대한 객관적으로 설정하고 결과도 예측해본다. 가설을 바탕으로 새로운 기능을 설계한다. 그러나 유저의 반응은 출시

해보기 전까지는 알 수 없다. 효율적인 테스트를 위해 유저의 반응을 즉각 파악할 수 있을 정도의 기능을 최소화한 서비스를 빠르게 출시한다. 유저의 반응을 다시 데이터를 통해서 분석하고, 설정한 가설의 타당성 여부를 검정한다. 소위 말하는 그로스 해킹이나 린 스타트업 같은 접근법이었다. 가설을 설정하고 실험을 통해 결과를 측정하고 비교하는 과학적 접근 방법을 적용한다면, 서비스 개발과 성공적인 운영뿐만 아니라 피드백 루프까지도 보완할 수 있을 것이라 생각했다.

이런 솔루션을 팀 전체에 공유하고, 이해와 합의를 통해 적용하는 것은 리드로서 풀어야 할 또 하나의 숙제였다. 문제해결과 의사결정 단계마다 실증 데이터를 바탕으로 분석을 선행하는 작업은 정교함과 끈질김이 요구되는 것이다. 대다수의 팀원이 이 과정에 공감하고 협력하려고 노력하였으나, 직관적인 의사결정 방식에 더 익숙한 문화 때문인지, 한편으로는 이견과 저항에 부딪히기도 했다.

애자일agile에 관심을 가지고 공부를 시작한 것도 이런 계기였다. '날렵한', '민첩한'이라는 뜻을 가진 애자일은 불확실한 상황에서 협력과 피드백을 통해 팀 빌딩을 도모하고 개발 프로세스를 효율적으로 개선하기 위한 방법론이다. 정해진 일정과 강요에 따라 소프트웨어를 생산하는 것이 아니라, 개발자의 역량과 업무의 우선순위에 따라 개발 환경을 유연하게 조정하고 개발 과정 전체를 개선함으로써 업무 효율성을 도모하는 것이다. 우리 팀에 새로운 변화를 만들기 위해 애자일 방식의 도입이 꼭 필요하다고 생각했다. 2017년, 회사의 지원으로 애자일 코칭 교육 프로그램을 수강하고 본격적으로 학습을 시작했다. 비슷한 고민과 문제의식을 가진 다양한 분야의 사람들을 코칭 프로그램에서 만났고, 워크숍과 독서 모임, 멘토링 등을 통해서 애자일의 방법을 체득할 수 있었다. 실전 적용을 위한 경험치와 자신감이 생겼다.

그렇게 애자일에 근거한 D³ 솔루션은 시작되었다. 먼저 우리에게 필요한 데이터를 선별하고 부족한 데이터를 추가하여 이를 가시화하는 작업을 진행했다. 매주 토론과 미팅을 통해 서비스와 유저에 대한 의문점을 파악하고, 수집한 데이터를 분석하여 답을 찾기 위해 노력했다. 그러나 데이터를 오래 들여다본다고 명쾌한 해결책이 나오는 것은 아니었으며, 데이터를 해석하는 방식에 따라 개인 혹은 팀별로 가설과 예측이 달라지기도 했다. 끈기와 인내, 집요함은 물론 팀 내 협력과 서로 간의 격려가 필요한 일이었다. 그로스 해킹 스터디 그룹도 팀 내에서 자발적으로 결성되었다. 누가 시킨 것도 아니었고 바쁜 일과 중에 진행하기도 만만치 않았으나, 더 좋은 서비스를 개발하겠다는 일념으로 팀원들 모두 의기투합했다.

최근 이러한 노력에 대한 성과가 점진적으로 드러나고 있다. 데이터에 대한 몰입, 일면에서의 '집착'이 어느새 자연스러워졌고, 기능 출시 후 반드시 측정이 뒤따라야 한다는 생각도 팀 전체에 공유되었다. 그 결과물 중 하나로 '새로운 스퀘어'를 유저들이 탐색할 수 있는 기능을 출시했다. 데이터를 기반으로 유저 사용 규모를 예측한 가설을 바탕으로 새로운 기능을 출시했고, 출시 이후에는 유저의 유입 효과와 잔존율까지 분석하는 피드백 사이클을 완성했다. 유저 대상의 A/B 테스팅을 진행하면서, UI 변경이 어떤 결과를 내는지, 검색 알고리즘 변경이 얼마나 많은 개선을 이루는지 효과를 측정하면서 서비스를 개선하기도 했다. 팀의 자발적 학습과 애자일 개발 프로세스가 실제로 구현되고 있는 것이다. 이와 동시에 라인스퀘어 서비스도 꾸준한 성장세를 보이는 등 긍정적인 결과를 보이고 있다.

지금 이 글을 쓰는 동안 나는 서비스 기능 개편과 함께 일본 오픈을 준비하고 있다. 이 책이 출간될 즈음이면 OpenChat이라는 이름으로 일본에 오픈이 되어 있을 것이다. 일본 오픈이 어떤 결과를 낼지 아직은 알 수 없다. 라인의 가장 큰 시장이자, 최대 유저 규모를 가진 일본에서의 서비스 출시에 대해, 기대와 우려가 함께 있는 상황이다. 그러나 분명한 점은 팀에서 해야 하는, 또 팀원들과 하고 싶은 일이 한층 더 많아질 것이라는 점이다. 이를 위해 다시금 팀의 프로세스들을 정비하고 고도화하면서 더 효과적으로 일하는 방법을 찾으려 실험을 준비하고 있다. 이를 통해서 나, 그리고 팀원들도 모두 유저와 서비스에 대해서 많은 것을 학습하기를 기대한다.

개발자가 되는 법

'문송'하지 않은
철학도의 개발 이야기

김정엽

비트겐슈타인을 동경하며 철학과 컴퓨터 공학을 복수 전공한, 한때는 철학자를 꿈꿨던 개발자. 지금은 라인에서 메신저/비지인 중심 커뮤니케이션 서비스 서버 개발을 하고 있다. 깨질수록 강해진다는 믿음으로 이리저리 부딪쳐보고 있는 1년 차 초보 개발자.

언어를 향한 '덕질'의 시작, 비트겐슈타인

중고등학교 시절 나는 철학자 비트겐슈타인에 푹 빠져 있었다. 사춘기 깊어져 가는 삶에 대한 고민(?)이 들 때마다 그가 쓴 『논리철학 논고』와 『철학적 탐구』를 베껴 쓰고 메모를 끼적이며 위안을 얻던 나는, 한마디로 비트겐슈타인 '덕후'였다.

덕질 포인트는 여럿 있었지만, 그중 하나는 비트겐슈타인이 걸었던 특이한 삶의 행적이다. 비트겐슈타인은 원래 공학을 전공하고 프로펠러 설계에 대한 특허까지 냈던 엔지니어였다. 그의 아버지는 오스트리아에서 제일가는 철강 산업 대부호였고 공학도의 길도 아버지의 뜻을 따라 간 것이었다. 그러던 중 그가 수학과 논리의 기초에 관한 철학 책을 읽고선, 철학에 빠졌다. 나중에는 집안에서 물려주는 막대한 재산을 다 포기하고선 산골짜기에 들어가 작업에 몰두하기까지 했다.

나는 그런 비트겐슈타인을 솔메이트처럼 생각했다. 고뇌하는 고독한 천

재의 모습이 괜히 낭만적으로 다가왔던 탓도 있겠지만, 그 사람의 삶과 작업에서 고스란히 묻어나는 '공학적인 감수성의 철학'이 좋아서였다. 비트겐슈타인의 첫 저작『논리철학 논고』를 읽어보면, 전직 엔지니어가 철학을 하면 이런 모습이구나 하는 것을 느낄 수 있다. 책 중반부를 넘어서면 제목에 걸맞게 논리기호들이 잔뜩 등장하는데, 나는 그 기호들을 보고서 '덕통사고'를 당했다. 얼핏 보면 사람의 문제와는 동떨어져 보이는 차가운 기호들이, 결국은 삶 속 문제를 풀어내려는 뜨거운 집념의 결과였다는 사실이 아름다웠다. 비트겐슈타인은 내게, 오늘날로 따지면 '철학을 프로그래밍하는' 사람 같아 보였다. 삶과 세상에 관한 애매모호하고 복잡한 문제를, 프로그래밍 언어처럼 엄밀한 논리를 조합해 풀어나가는 모습 때문이었다.

비트겐슈타인을 접한 이래로 나는 엄밀한 언어를 통해서 복잡한 삶 속 문제를 풀어내는 작업을 동경했다. 현란한 말장난을 하기보다는, 복잡한 개념을 명쾌하게 해명하고 풀어낼 수 있는 사람이 되기를 꿈꿨다. 그 꿈이 줄곧 이어져서, 고등학교도 문과로 졸업을 하고 2010년 대학에서도 철학을 첫 전공으로 삼았다.

철학도, 개발자가 되기까지

철학 공부를 그만두게 된 가장 큰 '철학적 계기'는, 역설적이게도 나를 철학으로 이끌었던 비트겐슈타인이다. 비트겐슈타인은 학생들에게 항상 철학 공부를 그만두기를 권했다. 학교에 남아 있지 말고 밖에 나가서 일을 하라고 제자들을 떠밀기까지 했다. 이렇게까지 비트겐슈타인이 철학 공부를 만류했던 이유는 철학을 바라보는 그의 관점 때문이었다. 철학은 어디까지나 언어에 대한 오해에서 비롯된 수수께끼를 조망하고 해소하는 작업이지, 무언가를 새롭게 만들어내는 활동이 아니라고 생각했던 것이다. 비트겐슈타인이 바라보았던 철학의 모습이 정확한지를 떠나서, 비트겐슈타인을 덕질하기 시작했을 때부터 이미 나는 철학 바깥에서 무언가를 만들어내는 길을 향했던 것일지도 모르겠다. 무언가를 새롭게 만들어야 한다. 그게 의미 있는 것이다 하는 생각을 품고서 말이다.

철학에 이어 컴퓨터 과학을 복수 전공한 것도 '엄밀한 언어'와 '창조'의 균형을 맞출 수 있을 것 같다는 기대 때문이었다. 2011년 복수 전공을 신청할 당시만 해도, 나는 내가 개발자로서 일할 거라는 생각은 하지 않았다. 초중학교 시절 한창 유행하던 홈페이지 만들기에 빠져서 HTML을 건드리다가, 나중에는 게시판까지 만들려 PHP를 건들기도 하고, V3가 돌아가는 모습이 신기해 프로그래밍을 배워보고 싶다는 생각에 마방진을 출력하는 프로그램을 짜보면서 C 언어 기초를 접해본 경험 정도는 있었으니, 그런 잡다한 경험을 살려서 더 수월하게 전공에 진입할 수 있겠다는 정도의 기대만 있었다.

개발자로서 일하는 것을 고민하기 시작한 시기는, 군복무 앞뒤로 여러 다른 일을 하다가 복학을 하고서 철학과 졸업 논문을 쓰던 2018년 초 4학년 첫 학기 즈음이었다. 꼬마 시절부터 컴퓨터를 좋아해서였는지는 몰라도, 어릴 적부터 알던 사람들 중 개발자가 많았다. 그들과 이야기하며 서로의 일상을 나눌 때마다, 내게는 철학 대학원에서 논문을 붙잡고 있는 내 모습보다 개발자로서 일하는 내 모습이 더 선명하게 다가왔다. 소논문도 쓰고 대학원 지원까지 준비하며 논문을 고민해오던 내가, 개발자로 취업을 하려면 당장 준비할 것이 많았다.

그러던 중 라인에서 이미 일하던 지인이 한번 지원해보면 어떻겠냐고 해서 라인에 지원서를 냈다. 철학 논문 쓰기를 그만두고, 운영체제와 네트워크 등 전공 서적 몇 권을 통째로 빌려서 꼬박 밤을 새우기 시작했다. 알고리즘 문제도 하나둘씩 붙잡고 풀며 면접을 대비했다. 급하게 준비를 했지만, 다행히도 결과는 좋았다. 개발자로서의 취업을 결심하고, 허겁지겁 '취준'의 시기를 보내고 나서 2018년 7월 합격 통보를 받기까지의 시간이 길지 않았던 탓인지, 스스로 '예비 개발자'라는 실감이 나지는 않았다.

지난 십몇 년 동안 이어진 언어 '덕질'을 뒤돌아보며, 조금 부끄럽지만 여기서 내 '덕심'을 나눠보고자 한다. 철학과 개발을 나란히 비교해보면서, 철학을 향한 덕심이 어떻게 개발로 옮겨갔는지, 그리고 그 덕심이 라인에서 주니어 개발자로 일하는 지금 어떻게 원동력이 되는지도 이야기해보고 싶다.

철학자 & 개발자: 아리송한 문제 앞에서
헛소리하기를 두려워하지 않는 사람들

"오, 이제 정엽 님의 철학이 담긴 코드를 기대해봐도 될까요?"

입사 후 얼마 지나지 않아 다른 개발자들과 점심을 먹을 때, 내가 철학을 전공했다는 말에 많은 분이 건넸던 농담이다. '철학이 담긴 개발'이라고 말하면 그럴싸하면서도 왠지 낯간지러운데 '철학' 두 글자가 뿜는 신비롭고 난해한 이미지 탓일 테다. '개발하는 철학자'라는 말은 '엔지니어링하는 산신령'만큼이나 낯설게 들리기도 한다.

하지만 철학과 개발은 닮았다. 학교에서 철학을 공부할 때나 라인에서 개발자로 일하는 지금이나, 내가 항상 되뇌는 물음 두 가지도 똑같다.

1. 이게 도대체 왜 (안) 되는 거지?
2. 당연히 이렇게 되어야 할 것 같은데, 왜 저런 엉뚱한 결과가 나오지?

문제가 쉬이 안 풀리는 까닭이 내 부족한 경험과 실력 탓일 때도 많지만, 경력에 상관없이 누구든 의문에 빠지는 모습은 철학이나 개발이나 한결같아 보인다. 얼핏 보면 너무 간단하고 쉬운 질문에서도, 막상 들여다보면 골치 아프거나 정답이 없어 보이는 문제들이 쏟아져 나오기 때문이다. 점심 자리에서 철학과 개발을 비교하다가 어느 동료가 내린 결론도 같았다. "철학이나 개발이나 '여긴 어디며, 나는 누구인가'를 외치며 골치 아파하는 건 마찬가지다." 더군다나 철학도 개발도 추상적인 대상을 다루다 보니, 해결책을 찾는 과정에서 내놓는 답은 대부분 헛소리나 삽질이 되기 쉽다. 프로그래밍 입문 경험이 있는 사람들은 알겠지만, 처음에는 모니터에 단순히 "Hello world!"를 출력하는 데도 숱한 시행착오가 있다.

아리송한 난제를 붙잡고 씨름하는 가운데, 철학자들과 개발자들은 모두 헛소리하기를 두려워하지 않는다. 오히려 실패 가능성을 당연한 사실로 받아들인다. 겹겹이 쌓아 올린 치밀한 철학적 논증도 허점이 있을 수 있고, 촘촘한 방어 논리를 갖춘 코드도 버그가 있을 때가 허다하기 때문이다. 개발자 이외 다른 직군의 부서원들과 같이 모였을 때, 우리 팀이 하는 코드 리뷰 이야기를 한 적이 있다. 코드 리뷰를 받을 때마다 한 줄 한 줄 본인이 쓴 코드에 태클이 걸리고, 가끔은 종일 걸려 쓴 코드 전체를 폐기하게 될 수도 있는데, 그게 속상하고 힘들지 않느냐는 이야기였다. 그 말을 듣고 우리 팀원 한 분이 너털웃음을 지으며 말한 게 아직도 기억에 남는다. "일단 내 코드에 무조건 문제가 있을 거라 믿고 검증을 받아나가는 게 무조건 맞아요. 진짜 무조건!" 나는 그 말이 비트겐슈타인이 철학에 관해서 했던 말과 일맥상통한다고 본다. "부디, 결코 헛소리하기를 겁내지 말라! 그렇지만 네 헛소리에 귀를 기울여야 한다." 실패를 담담하게 살펴보고 해결책을 부지런히 엮어나가는 자세는, 훌륭한 철학자와 개발자에게서 똑같이 찾을 수 있는 덕목이자 '덕심'인 셈이다.

이렇게 말하니, 아리송한 문제들 속에서 헛소리를 계속해야 하는 철학자와 개발자의 직업적인 숙명이 참 무겁게 들린다. 하지만 그 숙명은 특권이기도 하다. 단번에 얻는 해답이 없다는 어려움을 나누는 사람들과 함께 일하기에 '다 같이 고민할 자유'가 주어지기 때문이다. 개발자로 입사하기 전 3년 가까이 영어 학원 강사로 일했을 때의 경험은 딴판이었다. 학원에서는 '고민하지 않고 답을 찾아내는 모습'을 보여주는 것이 관건이었다. 혼자서

'삽질'하지 않고 시험에서 좋은 성적을 받으려는 학생들이 모두 나를 바라볼 때 "같이 고민하자"라는 말을 하는 건 사치였다.

하지만 지금 나는 라인에서 개발자로 일하며 고민할 자유를 마음껏, 그것도 다른 사람들과 함께 누리고 있다. 복잡한 코드 속에 숨은 버그를 단번에 찾지 못한다 하더라도, 다그치거나 초조해하는 사람은 없다. 예기치 못한 장애가 내 실수와 잘못 때문에 일어날 때도 마찬가지다. 물론 내 잘못이 많은 사람이 이용하는 서비스의 운영에 바로 타격을 줄 수도 있다는 부담감에 자책하거나 당황할 때도 많다. 하지만 그런 내게 팀원들은 웃으며 "괜찮다"고 말한다. 그 "괜찮다"라는 말들이, 내게는 큰 힘과 위로가 된다. 단지 주니어 개발자를 너그럽게 이해해주는 마음 때문만은 아니다. 시니어 개발자들도 모르겠다거나 고민하고 있다고 말하는 게 자연스럽고, 문제가 일어나도 누구를 탓할 것 없이 자리에 다 같이 모여서 머리를 싸매고 고뇌하는 일이 일상인 이곳에서, "괜찮다"라는 말은 우리 모두 개발자로서 같은 고뇌의 숙명과 고민의 자유를 누리고 있다는 동질감의 확인처럼 느껴지기에 위로를 받는다.

철학자 vs. 개발자:
생각의 빠른 현실화

물론 아리송한 문제를 붙들며 해결책을 부지런히 찾아나가는 과정이 철학이나 개발에서만 볼 수 있는 모습은 아니다. 어떤 학문이나 일이든 문제를 분석하고, 개념을 엮어내고, 복잡한 현상에 대한 추상화를 거듭하는 일은 마찬가지다. 수학이나 자연과학만 해도 아리송한 난제가 수두룩하고, 다양한 연구 활동이 끊이질 않는다. 당장 다른 직군 부서 회의실을 가봐도, 사람과 시장을 분석하고 데이터를 수집하며 전략을 바쁘게 이야기하는 모습을 볼 수 있다.

하지만 여전히 개발은 특별하다. 머리를 싸매고 맞대어 내놓는 결과물 자체가 곧 하나의 구체적인 현실로 작동하기 때문이다. 코딩과 세팅으로 구현해낸 결과물이 곧 현실이고, 그 자체가 스스로 의도와 효용을 입증한다. 아무리 이상하고 헛소리 같아 보이는 생각도, 어떻게든 코드로 구현해내면 그것이 곧 하나의 정답인 셈이다.

'생각의 현실화'는 개발이 철학과도 갈라서는 차이점이다. 철학자가 아무리 심오하고 놀라운 철학적 논증을 내놓더라도, 그 논증이 홀로 세상을 바꾸지는 않는다. 반면 개발자는 아무리 작고 허술한 코드라도 구현만 해내면 바로 컴퓨터를 움직인다. 단순하게 표현하자면, 다음 공식이 성립한다:

- 개발을 통해 실현되기까지 걸리는 시간 = 고민하는 시간 + 올바른 생각을 입력하는 시간 + 컴퓨터가 돌아가는 시간
- 철학을 통해 생각이 실현(?)되기까지 걸리는 시간 = 고민하는 시간 + 생각을 표현하는 시간 + min(내가 움직이는 시간, 세상이 생각을 따라잡는 시간 + 사람들이 생각하는 시간 + 사람들이 움직이는 시간)

결국 내가 개발자로서 일하고 싶었던 가장 큰 이유는, 내 생각이 현실에 빠르게 힘을 보태는 모습을 보고 싶은 욕망이 아닐까 한다. 내 생각을 따라 짜맞춘 기호들에 따라 컴퓨터가 움직이는 모습을 보는 경험에는, 마약과도 같은 즉각적인 보상이 있다. 생각대로 이루어진다니 얼마나 달콤한가. 생각

을 올바르고 단단한 코드로 설계하고 구현해나가는 과정은 골치 아프고 씁쓸하지만 말이다.

내 생각이 코드를 통해 몇십만, 몇백만의 삶에 변화를 줄 수 있다면 그것도 영광이겠지만, 개발을 하고 싶다는 내 마음이 사실 온 세상을 움직이고 싶다는 열망에서 나오는 것은 아니다. 나는 그저 무언가를 만들어내는 게 좋고, 내가 만들어낸 것을 누군가가 알아보아주는 게 좋고, 내 결과물이 다른 사람들에게 도움이 되는 모습이 뿌듯할 뿐이다. 그래서 개발자로 일하고 싶다는 내 마음은 창작 욕구와 인정 욕구의 합이라고도 말할 수 있을 것 같다. 개발에서는 기여(contribution)에 대한 인정(credit)이 분명하다. 거대한 건축물을 만드는 데 돌을 쌓는 사람은 익명으로 남을 수 있어도, 거대한 소프트웨어를 만드는 데 코드 한 줄을 쓴 사람이 누구인지는 다 알 수 있다(그 코드가 큰 도움을 주든 큰 버그를 일으키든 말이다). 서버 릴리즈 노트에 내가 작업한 코드 이름이 적혀 있는 모습을 볼 때 얻는 보람은 '명예'나 '금전적 보상'과는 다른 차원의 즐거움이다.

개발자로 일하기 전 코딩을 했던 기억이 여럿 있는데, 그때마다 나를 움직였던 것은 '무언가를 만들고 싶다'라는 마음이었다. 영어 강사로 일할 때에도 코딩을 했던 적이 있다. 당시 회사는 영어 단어집 출판을 준비하고 있었는데, 나는 예문, 어원 설명, 시험 관련 팁을 작성하는 일을 맡았다. 항상 수업에서 가르치던 것들을 정리하는 작업이라 내게는 큰 어려움이 없었지만, 문제는 건너편 지원 부서에 있었다. 시험 대비용 단어집이다 보니, 역대 기출 시험과 관련 교재에서 출현했던 단어와 그 용례를 일일이 찾아내야 했던 것이다.

그렇게 몇 주간은 지원 부서 전체가 데이터를 엑셀로 정리하는 수작업('삽질')에 시달렸다. 그러다 곰곰이 생각해보니 해야 할 일은 결국 활자들을 모아서 단어들을 추리고, 그 단어들을 여러 관계별로 엮는 일이니 프로그램을 짜서 해결할 수 있겠다는 막연한 생각이 들었다. 처음에는 일을 크게 벌이지 말자는 생각에 엑셀 매크로를 검색했지만, 나중에는 루비 언어 문서와 온갖 스택 오버플로Stack Overflow 페이지들이 내 모니터를 빼곡하게 채우고 있었다. 삽질을 계속한 며칠이 지나고서야, 마침내 콘솔 화면이 단어 수만 개와 문장 수십만 개를 한참 동안 출력해내는 모습을 볼 수 있었다. 공동으로 작업하던 엑셀 파일에 결과물을 병합한 새 엑셀 파일을 메신저 대화방에 끌어다 놓을 때의 기억이 아직도 생생하다. 돌이켜보면 단순한 스크립트 조합이었지만, 그 결과물을 보며 내가 느꼈던 뿌듯함은 분명 영어 강사가 아닌 초보 예비 개발자로서의 뿌듯함이었다.

철학도와 '문송'함, 그리고 넓은 스펙트럼

2018년 7월 라인 입사 후 처음으로 프로젝트를 맡아 테크 스펙 문서(기능 개발 및 프로젝트 진행 시 구현과 설계 스펙을 담는 문서)를 작성해서 일일 스탠드업 미팅에서 공유했다. 며칠이 지났을까, 점심 자리에서 그 문서에 관한 이야기가 나왔던 적이 있다. 그때 한 팀원이 내 테크 스펙이 장엄한 대하소설 같아서 영어 사전을 끼고 읽었다는 농담을 했다(우리 팀은 모든 공식 업무를 영어로 진행한다). 그 악의 없는 농담을 듣고 나는 웃음이 빵 터지면서도 한편으로는 씁쓸했다. 스스로 아쉬웠기 때문이다. 철학 공부를 하면서 단단하고 간결한 글쓰기를 많이 연습했다 생각했는데, 정작 개발자로서는 그 능

력을 발휘하지 못했다는 아쉬움이다.

테크 스펙을 어떻게 더 간결하게 잘 쓸까 고민하며 지내던 중, 내게 농담을 던졌던 팀원이 문서를 공유하는 날이 왔다. 나는 그 팀원이 쓴 짤막한(내 문서의 1/5도 되지 않았다) 테크 스펙을 읽고, 왜 '속도의 개발자'라는 별명을 얻었는지 단번에 이해했다. 당사자는 문서가 짧은 이유가 본인의 짧은 영어 탓이라고 농담을 했지만, 그 짧은 문서는 복잡하고 급박한 요구 조건 가운데 개발자로서 당장 집중해서 구현해야 할 것은 무엇이며 어떻게 구현할지를 명쾌하게 보여줬다. 반면 내가 썼던 테크 스펙은 개발자로서 개발자를 위해 쓴 문서가 아니었다. 어떤 개념의 정의가 어떻고, 어떤 문제가 어려운지를 이야기하는 철학도의 리포트였다. 결국 좋은 테크 스펙은 철학도가 아닌 훌륭한 개발자가 쓸 수 있는 것이었다.

앞서 철학과 개발을 여러모로 견주어보며 닮은 구석을 이야기했지만, 개발과 철학이 아무리 닮았어도 다르다는 것은 명백한 사실이다. 개발하는 일은 개발을 잘하고 일을 잘하는 사람이 잘한다. 당연하게도 코드를 잘 짜기 위해 필요한 건 철학 이론이 아니라 코딩 실력이고, 버그와 장애 상황을 파악하고 해결하는 데 필요한 건 인문학적 성찰이 아니라 기술적인 노련함과 혜안이다. 이렇게 말하고 나니, 다른 전공이나 직업을 거쳐 개발자가 되기를 꿈꾸는 사람들에게 실망과 두려움을 주는 것처럼 들릴 듯하다. 하지만 나는 거꾸로 생각한다. 문과 출신이라고 '문송'할 필요는 없다. 다른 공부를 하고 다른 일을 했다 하더라도 상관없다. '개발하는 일을 잘한다'라는 건 단순히 개발을 잘하고 일을 잘하는 것의 총합이라 말하긴 했지만 '개발 일'은 컴퓨터 속에만 갇히지 않는 다양한 능력과 노력을 함축한다.

개발하는 일의 '스펙트럼'이 넓은 곳에서 일할 수 있다는 사실은 내게 축복이다. 라인에 주니어 개발자로 들어오기 전, 나는 간혹 가다 개발자가 '코딩 머신' 취급을 받는 안타까운 사연들을 접하면서 내 개발의 스펙트럼이 좁아지는 것은 아닐까 걱정했었다. 상명하달식으로 정해진 단순 기능을 묵묵히 구현하는 정도가 주니어 개발자의 운명이겠거니 하고 말하는 사람들도 있었다. 하지만 내가 지금 개발자로서 실제로 보고 접하는 개발 업무의 스펙트럼은 폭넓고 선명하다. 코딩을 하고 깃git을 다루는 도메인 지식도 중요하지만, 사람들과 같이 이야기하고 실천practice을 구축하는 일도 개발 일의 큰 부분을 차지한다. 특정 전공이나 커리어만으로는 메울 수 없는 스펙트럼 위에서, 다른 전공이나 직업 출신의 개발자가 활약할 수 있는 스펙트럼의 대역도 가지각색이다. 그러니 나도 전직 철학도라는 딱지가 붙은 코딩 머신으로 전락할 필요가 없었다. 부족한 전문 지식을 채워나가면서, 내가 아직 미치지 못하는 스펙트럼의 다른 구석을 채워나가면 되는 것이다.

라인에서 주니어 개발자로서
일한다는 것

내가 라인에서 보는 개발자들의 모습은, 어둠 속에서 모니터를 바라보는 '해커'나 '코딩 머신' 이미지보다는 라파엘로의 그림 「아테네 학당」에 더 가깝다(인물들의 옷차림이 묘하게 다 비슷한 것까지도 말이다). 누구나 직급이나 형식을 따지지 않고 자유롭게 대화하면서도 엄밀하게 옳고 그름을 따지고, 서로 부딪치기도 하면서, 최선의 해결책을 찾아나간다. 나는 이곳 개발자들에게서 '개발하는 철학자들'의 모습을 발견하는 셈이다.

철학이라 말하면 흔히 로댕의 「생각하는 사람」 조각상처럼 홀로 골방에 앉아 고뇌하는 모습을 떠올린다. 그런 억울한(?) 고정관념은 개발자에게도 적용되는 듯하다. 사회성이 없는 개발자는 자기 신발을 보고 이야기하고, 사회성 있는 개발자는 상대방 신발을 보면서 이야기한다는 고전 농담이 있듯이 말이다. 사실 나도 라인에서 개발자로 일하기 전에는 개발자는 모니터만 들여다보고, 코드로 말하고, 깃으로만 협업할 것이라 생각했다.

그 이미지가 어느 정도 맞는 구석도 있지만(!) 전부는 아니다. 나는 주니어 개발자로서 이렇게 말을 많이 하고, 이렇게 많은 글을 쓰고, 무엇보다도 이렇게 많은 사람을 마주하게 될 줄 몰랐다. 새로운 기능을 구현하거나 새로운 기술을 도입하고 싶을 때, 나는 테크 스펙을 쓰고 일일 스크럼 모임에서 모든 팀원 앞에서 발표하며 코멘트를 받는다. 라인의 다른 여러 서비스나 기술 영역에 걸쳐 있는 문제를 다룰 때는, 회의를 하고, 메시지를 주고받고, 위키 문서를 작성해서 공유한다. 무엇보다, 모니터 속 로그와 문서를 보다 의문이 풀리지 않을 때는 자리에서 일어나 사람들과 하이브(층별 휴식 공간)에서 직접 만나 이야기를 한다.

"코드로 보여드리면 더 간단한데"라는 말은 개발자끼리의 특수한 상황에서만 통하는 '치트키'와도 같다. 개발은 모니터가 아니라 얼굴을 맞대고서야 시작할 수 있다. 모든 일을 코드 몇 줄을 교환해서 이뤄낸다면 좋겠지만, 무슨 코드를 어떻게 짜야 할지도 정해져 있지 않은 '맨땅'에서 일을 시작할 때 바라볼 것은 코드가 아니라 사람이다. 특히나 서비스 범위와 기술 영역이 넓은 라인에서, 소통과 언어의 범위는 다차원적이다. 같은 개발자끼리 이야기할 때도 자바 코드만 써서 보여준다고 될 일만 있는 게 아니라 타입스크립트와 셸 스크립트를 써야 할 때도 있고, 다른 팀과 이야기를 할 때는 한국어만 쓰는 게 아니라 영어와 일본어를 써야 할 때도 있는 것이다.

명료한 생각 vs. 느낌적인 느낌

라인 주니어 개발자로서 '개발하는 철학자들' 사이에서 일하는 지금, 철학도로서 배웠다가 잊어버리곤 했던 교훈을 되새길 때가 많다.

내가 잊었던 교훈 하나는 비트겐슈타인이 잘 요약해준다. "말할 수 있는 것은 분명하게 말할 수 있다. 말할 수 없는 것은 오직 보일 수만 있을 뿐이다. (…) 말할 수 없는 것에 대해서는 침묵해야 한다." 철학적인 배경이나 논증을 떠나서, 살짝 비틀면 개발에도 적용하기 쉬운 말이다. 짤 수 있는 코드는 분명하게 짤 수 있다. 분명하고 간결하게 코드나 글로 구현해내지 못하는 생각이라면, 그건 사실 흐리멍덩한 느낌적인 느낌일 뿐이다. 느낌은 규칙이 아니다. 게다가 느낌은 불평등하다.

분명하게 코드로 짤 수 있는 생각과 그렇지 않은 생각을 구분하는 일은 개발에서 무척 중요하다. 이 교훈을, 나는 지식도 경험도 부족한 주니어 개발자로서 더더욱 몸으로 부딪히고 '삽질'을 하면서 매번 체감한다. '대충 이렇게 하면 되지 않을까' 하는 기대에 의존하다 보면, 반드시 구체적인 문제에 부딪힌다. 내가 새롭게 쓰는 코드가 다른 환경의 여러 서비스나 코드와 어떻게 얽혀서 작동할지를 미리 생각하고 움직이지 않으면 애초에 막연하게 기대했던 결과는 나오지 않는다. 라인은 서비스 범위와 영역이 넓은 데다가 여러 서버와 클라이언트가 얽혀 있는 의존관계dependency도 복잡하다. 그 의존관계 속에서, 내 느낌에 기대어 성급한 걸음을 내디딘다면 갖가지 문제에 자신을 내던지는 꼴이 된다. 일에 서투른 사람이 일을 더 크게 벌이듯, 명료하게 코드를 짤 수 없는 개발자는 버그만을 더 늘린다. 버그에 당황해서 충분한 생각 정리도 없이 움직였다가, 더 큰 의존관계의 늪에 빠질 수도 있다.

　물론 모든 개발 일이 명료한 생각과 코드만으로 해결되지는 않는다. 말로 표현할 수 없는 '느낌적인 느낌'을 무조건 배척할 필요도 없다. 느낌은 좋은 출발점 내지는 휴리스틱heuristic으로 삼을 수 있기 때문이다. 시야가 넓은 모범 운전자가 일일이 의식적으로 생각하지 않고도 능숙하게 운전할 수 있는 것과 비슷하다. 일례로 어떤 팀원은 "요즘 개발을 덜 했더니 감이 떨어졌다" 한탄을 하면서도 서버 디버깅 로그를 쓱 뒤지고는 문제를 금세 파악하는 묘기(?)를 보여주곤 한다. 사람이 읽을 수 없을 만큼 쏟아지는 로그 속에서 이상한 '낌새'를 읽고 정보의 맥을 짚어내는 그 노련함도, 결국은 경험을 통해 잘 다듬어진 느낌의 집합이다.

　그러나 주니어로서의 내 느낌은 틀리기도 쉽고, 맞는다 해도 설득력과 권위가 없다. 그래서 몇백 년 전 데카르트가 그랬듯, 아니면 오늘날 어떤 드라

마의 대사처럼, 내 느낌을 '의심하고 또 의심해야' 한다. 주니어라고 주눅이 들 필요는 없지만, 나를 일관되게 이끌어줄 생각과 개발의 원칙을 설정하고 연습해야 할 필요성을 항상 느낀다.

느낌적인 느낌 vs. 원칙과 실천

다행스럽게도, 지금 내가 있는 팀은 개발을 이끄는 원칙과 실천을 끊임없이 고민하고 체계화하고 문서화하는 팀이다. 처음 팀에 들어와서 감동을 받았던 점 가운데 하나는, 팀으로서 같이 따를 원칙과 실천을 정리해놓은 방대한 문서였다. 일일이 다 나열할 수는 없지만, 몇 가지 예를 들면 다음과 같다.

- 누구든 팀의 프로세스와 프로젝트의 기술적인 얼개를 이해하고 체득할 수 있도록 도와주기 위한 신입 가이드 문서
- 실제 코드나 기술을 도입하는 데 필요한 배경, 설계, 구현 계획을 담아놓은 테크 스펙
- 코드를 고치고 정기적으로 배포할 때의 모든 절차를 나열한 가이드
- 비상 상황에서 참고할 지표metric, 대응 범위, 행동 방침을 합의해서 규정해놓은 팀 문서

이렇게 문서가 많다 보니, 그 속에 담긴 원칙이나 실천이 사문화될 법도 하다. 다행히도 우리 팀은 가이드들에 담긴 원칙을 끊임없이 참고하고 회고한다. 지표를 설정해서 지난 실천을 수치화하고 반성하며, 앞으로의 피드백을 공고히 하기 위한 시간도 매일 그리고 매주 함께한다. 일곱도 넘지 않는

팀이 당장 밀려드는 문제를 처리하는 데만 급급해하지 않고, 원칙을 되새기며 문서를 유지 보수하는 일은 결코 쉽지 않다. 만약 우리 팀이 눈앞의 문제를 처리하고 넘기는 데만 급급했다면 어땠을까. 변칙적으로 문제를 처리해 나가는 팀원 각각의 경험치는 어마어마했을지 모른다. 하지만 그렇게 얻는 경험치는 느낌적인 느낌의 집적일 뿐이다. 팀원들이 앞서 경험하고 체득했던 것들을 내가 전수받을 수도 없었을 테다. 느낌은 전수되지도 않고 일관되지도 않은 탓이다. 주니어 개발자로서 불안한 느낌이 아닌 공고한 원칙을 체화하는 과정에서, 팀의 실천과 소통은 내게 큰 버팀목이 된다.

코드 리뷰와 언어 수련

한 팀원에게 "제가 정엽 님을 많이 힘들게 했죠?"라는 농담을 들은 적이 있다. 코멘트 몇십여 개가 달린 길고 긴 코드 리뷰가 끝나고, 내가 짠 코드가 드디어 마스터 브랜치에 머지merge되고 났을 때였다. 내 코드를 깃에 올려두고 팀원들에게 한 줄 한 줄마다 코멘트를 받는 과정이, 쉽지는 않다. 결국은 맞다고 생각해서 쓴 코드를 올린 것인데, 그 코드를 바꾸거나 고칠 구석이 여럿 생기기에 부끄럽고 속상할 수도 있다. 코멘트를 번복하며 본인의 코드를 관철할 때도 있지만, 코드를 전부 폐기(!)하는 일도 적지 않다. 전량 폐기를 모면하더라도, 엔터 한 번을 잘못 쳐서 빈 줄 하나가 들어가 리뷰를 빠르게 통과하지 못하는 답답한 상황도 많다.

그렇지만 나는 코드 리뷰의 힘듦이 오히려 감사하다. 철학 공부를 할 때 느꼈던 감사함이 떠올라서 그렇다. 그다지 심오할 리도 없는 내 철학 리포트에 교수들이 남겨준 빼곡한 코멘트들이 나에게는 정말 소중했다. 개발자로서 일하는 지금도 마찬가지다. 작고 별것 아닌 코드 몇 줄이라도 면밀하게 리뷰하고 코멘트를 해주는 '실력자'들이, 내게는 큰 배움의 원천이자 방패가 된다.

빡빡한 코드 리뷰는 내 코딩을 제련하는 기회이기도 하지만, 크게 보면 팀 전체가 코드를 더 명료하게 유지하고 실력을 지키기 위한 원칙이 지켜지고 있다는 신호이기도 하다. 우리 팀은 누가 코드를 짜든 서로 리뷰를 받는다. 크고 작은 문제를 서로 발견하고 일러줄 뿐만 아니라, 변수 작명이나 들여쓰기 같은 코딩 관습 coding convention에 대해서도 가감 없이 코멘트를 단다. 사소하고 별것 아닌 것처럼 보이는 문제에도 서로 부담 없이 코멘트를 달 수 있다는 사실은 중요하다. 코드 리뷰가 정착되지 않은 팀이었다면, 사소한 문제를 '트집 잡는다'고 생각하며 서로 기분만 상했을 테다. 그렇게 사소해 보이는 문제들은 쌓이고 쌓여 기술 부채가 될 테고, 팀 전체의 실력을 유지하기는커녕 눈앞의 문제를 처리하는 데 급급한 상황을 마주하게 될 것이다.

'실력을 지킨다'라는 말에 오해가 없었으면 한다. 실력자가 많은 우리 팀이지만, 무조건 이게 좋으니 따르라 식으로 '가르침'을 내세우는 사람은 없다. 각자의 논리와 관찰을 맞대어보고 최선의 길을 결정해서 같이 가보자 하는 마음가짐을 팀이 공유한다. "그거 그렇게 하면 안 된다"라는 말을, 나는 단 한 번도 들어본 적이 없다. 어떤 코드 수정이나 기술 도입이 필요하다고 생각하면, 언제든 무엇이든 만들어보고 그 결과물을 대변할 기회가 있었을 뿐이다.

팀을 지탱하는 실력의 축이 코드와 코드 리뷰에 한정되지는 않는다. 우리 팀엔 다양한 능력자들이 있다. 어떤 요구 사항에 대해서든 빠르게 기술 계획을 짜고 코드로 옮겨내는 실력자도 있고, 서비스와 프로덕트 전반의 결과

속을 꿰뚫어보면서 일을 진행해나가는 실력자도 있다(이건 우리 팀에 대한 자랑이 맞는다). 하지만 그 모든 이의 실력은, 사람 말이든 프로그램 코드든 분명한 언어에 담겨서 드러난다. 주니어 개발자인 나는 그 언어를 보고 배운다. 코드 리뷰에서도, 문서에서도, 팀 프랙티스에서도 말이다. 그래서 결국 전 철학도로서도 지금 개발자로서도, 나는 똑같이 '언어를 끊임없이 갈고 닦는 과정'에 있는 듯하다.

언어 덕질: 여태까지 그래왔고, 앞으로도 계속

해마다 쌓이는 학교 생활기록부와 일기장에는 인지심리학자, 정신과 의사, 경제학자 등 다양한 장래 희망이 적혀 있었다. 철학을 공부하다가 개발을 공부하고 개발자가 되기까지 먼 길을 돌아왔다. 하지만 비트겐슈타인을 동경하던 과거의 나와 개발자가 된 지금의 내가 단절되었다 느끼지는 않는다. 아리송하고 당혹스러운 문제를 붙잡고 씨름하는 일은 예나 지금이나 한결같고, 혼란스러운 생각의 안개 속을 지나 명쾌한 언어로 표현된 해결책에 도달할 때 얻는 환희도 매한가지다.

엔지니어에서 철학자가 된 비트겐슈타인이 품었던 문제의식과 목표는 한결같았다. 먼 길을 돌아 소프트웨어 엔지니어가 된 내가 품는 목표도 똑같다. 그 목표란 엄밀한 언어로 삶을 비추고 바꾸는 일이고, 내게 그 언어는 사람 말 대신 프로그래밍 언어가 되었을 뿐이다. 『논리철학 논고』 속 기호들이 세계와 삶을 이야기한 것처럼, 모니터 속 내 코드가 어떤 식이로든 세상을 향할 수 있다면 멋지지 않을까 하는 낯간지러운 낭만을 나는 여전히 마음속에 품고 있다. 엄밀하고 명쾌한 언어를 향한 덕질의 여정에서, 내 언어를 더 가다듬고 내 언어를 통해 수백만의 삶에 유용한 가치를 줄 수 있는 이곳에 머물 수 있기에 나는 감사하다.

주니어 개발자의 성장기 +
개발 공부 팁

하태호

'태호봇'이라는 별명을 가진 소프트웨어 엔지니어. 자동화, 개발 생산성, 업무 효율화 등에 관심이
있다. 라인의 공채 개발자로 입사한 4년 차 서버 개발자. 전 세계 유저를 대상으로 하는 동영상 생
중계 플랫폼 및 오브젝트 스토리지 및 딜리버리 플랫폼 개발 업무를 통해 글로벌 개발자로 성장
중이다.

라인에 입사하기까지

생활 속에 긍정적인 변화를 가져오는 프로그램을 만들 수 있는 좋은 개발자가 되고 싶었다. 그런 개발자가 되기 위해서는 내가 열심히 노력해야 할 뿐만 아니라 좋은 개발자로 성장할 수 있는 환경에 있어야 한다고 생각했다.

어떤 회사에서 일한다면 좋은 개발자로 성장할 수 있을까 생각했을 때 네이버가 제일 먼저 생각났던 것이 사실이다. 일반 사용자를 대상으로 하는 서비스를 개발하는 회사 중 국내 최대 트래픽을 감당하고 있는 회사는 아마 네이버일 것이다. 또한 국내 최대 규모의 서비스는 아니더라도 우리의 생활을 많이 바꾼 회사도 있다는 생각에 더 많은 회사를 알아보던 중 라인을 알게 되었다. 라인은 전 세계의 사용자를 대상으로 글로벌 서비스를 하고 있었고, 서버 개발을 하고 싶었던 나는 라인의 대규모 트래픽과 인프라 규모에 끌렸던 것 같다.

네이버와 라인에 최종 합격을 한 나는, 2016년 1월 결국 라인을 선택했다.

입사 후 첫 업무

라인은 예상보다 훨씬 큰 규모의 시스템을 개발하고 운영하고 있었다. 세상 어느 곳에서 LINE 메신저를 이용하더라도 빠르고 안전하게 동작할 수 있는 인프라들이 든든한 버팀목 역할을 수행하고 있었고 라인의 개발자들은 해외 개발자 및 유관 부서들과의 협업을 통해 각 국가의 필요에 맞는 다양한 기능들을 개발하고 있었다. 어쩌면 여러분이 이 글을 읽고 있는 이 순간에도 라인을 지탱하는 서버 시스템의 업데이트가 진행되고 있을지도 모른다.

라인에 신입으로 입사한 지 3개월째, 처음 담당하게 되었던 업무는 일본 사용자를 위한 동영상 생중계 플랫폼을 개발하는 것이었다. 그중 주로 담당했던 모듈은 플랫폼을 구성하는 여러 개의 기능 단위 서버 모듈에 명령을 내려 서버 간의 작업을 중개하는 서버였다. 처음 맡은 담당 업무가 해외 사용자를 위한 서비스라니! 지금은 해외 사용자를 위한 서비스를 개발하는 것이 일상의 업무가 되었지만 당시에는 굉장히 설레었던 것 같다. 운이 좋게도 서비스를 시작한 지 얼마 되지 않은 초기 상태의 플랫폼을 이어받게 되어서 단순히 플랫폼에 존재하던 기능들을 개선하는 수준을 넘어 새로운 시스템 구조를 설계하고 다양한 기능을 개발하는 경험을 할 수 있었다.

이 업무를 담당하며 경험했던 특별한 이벤트가 있다. 라인이 2016년 7월에 상장을 하게 되었다. 한국 및 일본을 포함한 해외 오피스에서 상장을 함께 축하하기 위해 실시간 사내 라이브 방송을 하기로 했는데, 우리 팀에서 만든 플랫폼을 이용하여 진행한다는 것이 아닌가. 입사한 지 얼마 되지 않은 상태에서 큰 이벤트에 참여하게 되어 굉장히 긴장을 많이 했었다. 재직 중인 회사가 상장되는 경험을 하는 것도 쉽게 접할 수 있는 일이 아닌데, 내가 담당하는 플랫폼을 통해 회사가 상장하는 순간을 중계할 수 있다는 사실이 너무 신기한 경험이었던 것 같다.

일본 사용자를 위한 서비스가 어느 정도 안정화되어갈 때쯤 유럽 사용자를 위한 새로운 서비스 출시가 계획되면서 이 플랫폼을 유럽 사용자의 인터넷 환경에서 사용해도 잘 동작할 수 있는 형태로 발전시켜야 했다. 뿐만 아니라, 플랫폼의 규모가 점점 커지게 되면서, 지속적인 운영이 가능하도록 플랫폼 운영에 소모되는 비용을 획기적으로 줄이기 위한 새로운 서버 모듈 개발 작업도 진행해야 했다. 한국에서 멀리 떨어진 국가에서도 동작할 수 있는 플랫폼을 이전 대비 적은 비용으로 운영할 수 있는 환경을 준비하고 나니 중동 사용자를 위한 서비스 출시가 이루어지게 되었고, 어느새 나는 여러 국가의 사용자가 사용하는 서비스를 지원하는 플랫폼 개발자가 되어 있었다.

아무것도 몰랐던 새내기 개발자인 내가 다양한 국가에서 동작할 수 있는, 그리고 실시간성을 보장해야 하는 매우 중요한 서비스를 개발해볼 수 있었던 것은 너무나 값진 경험이자 굉장히 도전적인 일이었다. 글로벌 규모의 서비스를 개발한 경험이 있는 선배 개발자들이 방향성을 제시해주고 많은 도움을 준 덕분에 가능했던 일이었다.

전 세계 사용자와의 만남

내가 속한 팀은 직접 해외 출장을 가서 해외의 인터넷 환경에서도 서비스가 잘 동작하는지 확인하고 해당 국가의 네트워크 환경을 이해하기 위한 여러 테스트를 진행하며 필요한 경우 현장에서 직접 튜닝을 진행하기도 한다. 입사 초기에는 물리적으로 멀리 떨어져 있는, 얼굴도 본 적 없는 개발자와 소통하며 함께 협업하는 것이 익숙하지 않아 어색하고 불편하게 느껴지기도 했다. 지금은 이러한 환경을 통해 생각을 글로 효과적으로 전달하는 방법을 많이 배운 것 같다. 한국어, 일본어, 중국어, 영어 등 다양한 언어가 혼재되어 사용되고 있어 다소 혼란스러울 때도 있지만 그럼에도 함께 하나의 서비스를 만들어가는 경험은 꽤 흥미로우며 재미있다.

글로벌 동료들과의 협업 이외에 직접 사용자들을 만나게 되는 일이 생기기도 한다. 라이브 방송 시스템을 담당하던 때의 일인데 유독 특정 사용자 환경에서만 방송이 안 되는 현상이 발생한다는 제보가 들어왔다. 해외 서비스 품질 점검 및 최적화 작업도 함께 진행할 겸, 2018년 5월 출장을 가게 되었다. 출장 대상 지역이 중동이었고 출장 기간이 라마단 기간과 겹쳤었기에 걱정이 있었지만 오히려 라마단 기간과 겹친 덕분에 중동 사람들이 해당 기간에 어떻게 생활하는지 볼 수 있었다. 방문했던 한 가정은 낮 시간에 계속 금식하다 저녁 식사 준비를 하고 있었다. 접시가 두 개 있었는데 한 접시의 지름이 족히 50cm는 되었던 것으로 기억한다. 접시에는 밥과 고기가 가득 담겨 있었는데 한국에서는 쉽게 겪을 수 없었던 일이어서 지금도 기억에 남는다.

2017년 8월에는 독일인 소셜 인플루언서의 일본 투어를 라이브로 방송하기 위해 함께 그들과 동행하며 업무를 수행한 적이 있었다. 이때 한 차 안에 네 개의 국적, 네 개의 언어를 사용하는 사람들이 함께하는 정말 독특한 경험을 했다. 독일인들은 독일어와 간단한 수준의 영어만 할 수 있었고, 한국에서 온 나와 동료들은 한국어와 영어, 미국인인 일본 투어 가이드는 영어와 일본어만 할 수 있었다. 서로 영어 수준이 다르다 보니 영어를 공통어로 사용해도 의사소통이 쉽지 않았다. 나중에는 일본인 동료도 차에 탑승했는데, 일본어, 한국어 그리고 약간의 영어를 사용할 수 있었다. 여기에 차 안의 사람들이 독일인들과 원활히 의사소통하기 위해 결국 영어와 독일어가 가능한 독일인인 듯한 가이드가 한 명 더 차에 탑승했다. 이때를 생각하면 지금도 웃음이 나는데 이런 경험을 할 때면 '말로만 글로벌이라고 하는 줄 알았는데 라인이 정말 글로벌하구나' 하고 실감한다.

이렇게 해외 출장을 다니며 각 국가의 네트워크 환경에서 테스트를 진행하고 직접 사용자의 환경을 경험하며 최적화의 중요성을 깨닫게 되었다. 이 경험은 서비스 대상 국가를 고려하여 서비스를 개발하는 데 많은 도움이 되고 있다.

스스로 일하는 문화의 즐거움

내가 속한 팀의 개발자들은 개발 연차와 상관없이 서로 '님' 호칭을 사용하며 자유롭게 질문하고 생각과 의견을 제시하는 편이다. 이러한 조직 문화 덕분에 다양한 질문과 의견이 모이면서 더 깊은 수준의 고민도 쉽게 해결할 수 있고, 나와 같은 주니어 개발자들도 능동적으로 업무를 진행할 수 있어서 빠르게 성장할 수 있다. 자유롭게 의견을 내고 새로운 시도를 하는 것에 대한 제약이 거의 없어서 업무 시간 중 일부는 새로운 무언가를 만들기 위한 투자를 하고 있다.

나는 업무를 효율적으로 수행할 수 있도록 하기 위한 도구를 만드는 데 시간을 많이 투자하는 편이다. 그중에서도 봇을 많이 만드는 편이다. 업무를 진행하다 보면 부득이하게 반복 작업이 종종 발생하기도 하는데, 이러한 반복 작업이 귀찮고 비효율적으로 느껴질 때가 많아 자동화하고 싶었다. 반복 작업을 한번 자동화해두면 앞으로 더 편하게 일을 할 수 있을 것이고 생산성도 더 향상될 것이라고 생각했다. 팀 내에서 공지가 필요할 때 사용하는 공지 봇이나, 코드의 변경 사항 메시지를 자동으로 추출하는 봇을 만들기도 했다. 다양한 툴과 봇을 하나둘씩 만드는 과정에서 전반적인 업무 생산성 향상에 대해서도 팀과 함께 이야기하게 된다. 팀의 문화적인 측면까지 바꾸어나가는 데 내가 조금이라도 기여할 수 있다는 점에서 굉장히 보람을 느낀다.

이렇게 스스로 자동화 분야에 시간을 많이 투자하다 보니 나 자신에게도 '봇'이라는 별명이 생겼다. 입사한 지 5개월쯤 되었을 때의 일이다. 개발한 코드를 배포할 때 당시만 해도 정형화된 틀이 없었다. 매번 같은 내용을 반복해서 작성하는 것이 너무나 번거로워 직접 배포 공지 양식을 만들어서 매번 동일한 형태로 공지 메시지를 발송했다. 어느 날 일본인 동료가 팀 모두가 있는 단체 대화방에서 "이 메시지는 봇으로 송신하고 있습니까?"라는 메시지를 보냈다. 동일한 양식의 배포 메시지가 주기적으로 발신되니, 당연

— 당시 단체 대화방 스샷과 전광판 사진

히 봇이 보내는 메시지라고 생각했던 것이었다. 나는 "아닙니다, 사람입니다"라고 답변했고 모든 팀원이 그 대화를 보며 빵 웃음을 터트렸다. 그날 이후로 내 별명은 '봇'이 되었고, 2017년 내 생일에는 팀원들이 사내 전광판에 'taeho-23.0 release를 축하합니다'라는 광고를 내기도 했다.

내가 개발자가 되고 싶었던 이유

이렇게 나름 다양한 경험을 이야기해서, 내가 연차가 어느 정도 쌓인 개발자라고 생각하는 독자가 있을지도 모르겠지만 나는 집필 시점에서 4년차가 된 주니어 개발자이다. 내가 왜 개발자가 되고 싶었는지 이야기해보고자 한다.

2012년 한창 진로의 문제로 고민하던 고등학생 시절, IT 분야는 새롭고 놀라운 이슈들로 가득했다. 스마트폰이 막 보급되기 시작했던 시기였기에 스마트폰을 사용하기 시작하는 친구들이 점점 늘어났고 '카톡해' 같은 말이 막 사용되기 시작했다. 기술로 사회에 긍정적인 영향을 미치는 사례에 대한 뉴스도 굉장히 많았다. 예를 들어 신약 개발 같은 사례를 들 수 있는데, 이런 일은 천문학적 비용이 들지만 일부에게만 혜택이 가서 아쉽다는 생각이 들었다. 소프트웨어 개발은 그렇지 않았다. 큰 비용을 들이지 않고도 더욱 많은 사람에게 보편적으로 제공할 수 있는 혜택을 만들어낼 수 있다고 생각했다.

사소한 사례이지만 네이버 웹툰의 '베스트 도전'을 보면서도 그런 생각을 했다. 예전에는 실력 있는 작가라 하더라도 등단의 기회를 얻기 어려웠을 것이다. 재능은 있지만 기회가 없었던 작가들이 '베스트 도전'에 만화를 올려 정식 작가로 등단하는 것을 보면서, 오프라인으로는 만들 수 없었던 새로운 장을 기술로 열 수 있다는 것을 알게 되었다. 이러한 장을 만드는 데 내가 기술로 기여한다면 누군가를 도울 수 있겠다는 설렘이 있었고, 더욱 많은 사람을 도와주고 싶다는 생각을 했다.

나는 개발자 중에서도 서버 개발자가 되고 싶었다. 깊은 고민을 통해 문제를 실질적으로 해결해나가는 영역은 서버 개발 부문에서 많이 진행되고 있다고 생각했기 때문이다. 또한 시대적 변화에 부응하는 좋은 서버 개발자가 되기 위해서는 대규모 인프라와 트래픽을 감당할 수 있는 역량을 갖춰야 한다고 생각했다. 하지만 이러한 역량은 개인의 노력만으로는 획득할 수 없다. 개인은 대규모 인프라를 구축할 만큼의 자본을 가지고 있지 않을뿐더러 대규모 트래픽을 확보하는 것이 사실상 불가능하기 때문이다. 따라서 대규모 인프라와 트래픽을 소화하는 개발팀에서 일할 수 있게 된다면 좋은 서버 개발자로 성장할 수 있을 것 같다고 생각했다. 이처럼 내가 고등학생 때부터 가졌던, 기술로 세상에 기여하고 싶다는 생각에 라인이 가장 잘 부합했던 것 같다. 일상생활 속에서 많은 사람을 편리하게 해줄 수 있는 서비스를 만들고 있기에 일하는 보람을 느낀다.

주니어 개발자가 성장하기 위한
최적의 조건을 가진 곳

주니어에게는 이런 다양한 경험이 어려울 수 있지만, 라인에서 이는 흔한 상황이다. 나이와 상관없이 실력으로 승부하기 때문일까? 주관적인 생각일 수 있지만, 내가 경험한 라인은 주니어 개발자가 성장하기에 정말 최적의 조건을 갖춘 곳이다.

코드 리뷰 문화

코드 리뷰 문화가 정착된 개발팀에서 일할 수 있다는 것은 큰 장점이다. 코드 리뷰 과정을 통해 내가 생각하지 못했던 잠재적인 버그를 다른 개발자의 피드백을 통해 조기에 발견하여 수정할 수 있고, 작성한 코드에 대해 여러 개발자와 다양한 의견을 나누며 더 좋은 방향에 대해 고민함으로써 서로 배우며 성장할 수 있기 때문이다.

내가 속한 팀은 코드 리뷰를 통해 단순히 버그를 발견하고 수정하는 수준을 넘어 가독성과 확장성이 뛰어난 코드, 일관된 스타일의 코드, 유지 보수하기 편리한 코드를 작성하려고 노력한다. 그리고 다양한 피드백과 토론을 통해 더 좋은 코드를 작성하고 경력에 따른 실력의 격차와 개발 결과물의 차이를 줄여나가고 있다.

탓하지 않는 문화

어처구니없는 코딩 오류로 인해 시스템 장애를 발생시킨 적이 있었다. 자존심이 상할 정도로 어이없는 코딩 오류였기에 스스로도 많이 속상했고 '이 실수는 혼나도 할 말이 없다'라는 생각이 머릿속을 떠나지 않았다. 그런 생각에 사로잡혀 있던 나에게 한 팀원은 이렇게 말했다. "이번 장애는 태호 님 때문에 발생했다기보다는 간단한 코딩 오류인데도 코드 리뷰에서 발견해내지 못한 제 잘못이네요."

라인에 3년 이상을 근무하면서 많은 위기와 시스템 장애를 겪었지만 지금껏 어떤 한 사람을 콕 집어서 책임을 물었던 적은 없었던 것 같다. 코드 리뷰를 통해 함께 만들어가는 시스템이기에 문제가 발생하면 우리 모두의 문제였다고 말하는 것이다. 서로를 탓하는 데에 시간을 낭비하지 않고, 다 함께 문제를 빠르게 해결하기 위해 집중한다. 그리고 장애를 해결하고 나면 팀원 전체가 함께하는 커피 타임을 갖거나 저녁 번개 회식을 하면서 더 나은 내일을 준비한다.

장애 리뷰

장애를 해결하고 나면 거의 즉시 장애 보고서를 작성하기 시작한다. 장애의 영향 범위와 현상, 원인과 조치 내역을 시간순으로 기록한 보고서를 작성하며 이 보고서를 토대로 유관 부서와 장애 리뷰 회의를 진행한다.

사실 이 장애 리뷰 회의를 처음 접했을 때 혼나러 가는 줄 알고 긴장하며 들어갔는데 굉장히 신선한 충격을 받았던 기억이 있다. '왜 장애를 발생시켰느냐'라는 추궁의 자리라기보다는 우리 시스템의 어느 부분이 부족했기 때문에 장애가 발생했는지 논의하고 향후 개선 방향에 대해서만 계속해서 이야기했기 때문이다. 이러한 장애 리뷰 시간을 통해 장애가 발생했던 원인을 다시 한번 기억하고 장애 대처의 속도와 정확도는 적절했는지 점검하며 향후 동일한 형태의 장애가 다시는 발생하지 않도록 준비하고 있다.

라인에서의 일상

특허를 출원하게 만들어 준 커피 타임

내가 속한 팀에는 총 14명이 일하고 있다. 14명이 모두 같은 일을 하는 것이 아니고, 크게 보면 세 가지 정도의 서로 다른 분야의 일을 한다. 따라서 서로 업무 공유를 할 일이 많지는 않지만, 우리 팀은 짧은 커피 타임을 굉장히 자주 가지는 편이라 팀원 간 사이가 좋다. 30분씩 짧게 하루에 한두 번, 많을 땐 세 번씩 커피 타임을 가지곤 한다. 비록 짧은 몇 분이라도 이때 서로 사소한 일상 얘기도 나누고 지금 무슨 업무를 하는지, 잘 진행되고 있는지 간단하게 업무 공유도 하기 때문에 굉장히 유용한 시간이다.

하루는 커피 타임에서 이런저런 얘기를 하다가 "이 기능은 이렇게 구현하면 속도가 더 빨라지지 않을까요?"라고 의견을 냈는데, 팀장님이 아이디어를 좀 더 구체화시켜서 특허를 내보면 어떻겠냐고 말씀했다. 팀장님의 말씀 덕분에 생각에도 없던 특허 출원을 위해 아이디어를 A4 한두 장 정도로 정리해서 사내 특허팀에 전달했다. 특허팀에서는 내가 복잡한 행정적인 절차에 대해 신경 쓰지 않고 본업인 개발 업무에만 집중할 수 있도록 모든 과정을 알아서 착착 진행해주었고, 2019년 7월 특허 출원이 완료되었다. 커피 타임에서 평소와 크게 다를 바 없이 툭 던진 아이디어가 특허로 출원되다니. 기술적인 아이디어가 많고 적극적인 사람에게 라인은 정말 많은 기회가 열려 있는 곳이라는 생각이 들었다.

회사의 해외 연수 지원 제도를 통해 구글 I/O 공짜로 다녀오기

매년 신기하고 혁신적인 기능을 선보이는 구글 I/O. 한국에서 키노트가 빨리 시작하기만을 기다리며 밤잠 이루지 못하곤 했지만, 내가 구글 I/O에 직접 가게 되는 날이 올 것이라고는 한 번도 생각해본 적이 없었다.

라인은 해외 연수 지원 제도가 있어서 개발자들이 해외 콘퍼런스에 참석할 수 있는 기회와 비용을 제공한다. 다녀온 사람들이 콘퍼런스의 주요 내용을 사내에 전파하게 해 개발자들의 성장을 돕는 것이다. 이 제도를 통해 회사가 지원하는 인원이 생각보다 많은 편이다 보니 수천 명의 개발자가 일하는 회사임에도 나도 그리 어렵지 않게 2019년 구글 I/O에 다녀올 기회를 얻었다.

직접 참석한 구글 I/O는 경이로웠다. 내가 꿈꾸던 기회를 제공하는 기술, 그리고 실생활에 도움을 주는 기술이 굉장히 많이 나왔다. 여러 세션을 통해 새로운 기술과 다양한 지식을 습득할 수 있어서 너무 유익했고 좋았다. 세션뿐만 아니라 네트워킹 문화도 굉장히 인상적이었다. 서로 처음 본 사람들끼리도 아무 거리낌 없이 방금 들은 세션에 대해 생각을 나누고 토론하는 모습을 보며, 나도 새로운 기술을 접하거나 배울 때 더 많이 질문하고 의견을 나누는 개발자가 되고 싶다는 생각이 들었다. 콘퍼런스 기간에 '이 많은 기술을 팀원들에게 전달해야지!'라는 생각으로 세션을 최대한 많이 들으려고 했었는데, 지나고 보니 세션만 볼 게 아니라 더 다양한 사람을 많이 만나고 올 걸 그랬다는 생각이 들었다. 사실 세션 녹화 영상은 온라인에도 모두 공개될 것인데 말이다.

공부하는 삶

내가 아직은 배울 것이 더 많은 주니어 개발자라서이기도 하겠지만, 라인에서 일하는 것은 매일이 도전의 연속이다. 어려운 문제를 해결해야 하는 경우가 많다 보니 어떻게 보면 익히는 기술의 깊이가 강제적으로 깊어지는 것 같기도 하다. 하던 것만 하면 하루하루가 똑같을 수밖에 없는데 라인에서는 기술적 도전을 느끼는 순간이 많다. 문제를 해결해야 하다 보니 평소에도 기술 블로그나 뉴스를 꾸준히 읽으며 노력하는 편이다.

내가 더 공부해야 할 것이 있거나 기술적인 고민이 있을 때 언제든지 부담 없이 질문하고 논의할 수 있는 환경에 있다는 것도 성장에 많은 도움이 되는 것 같다. 질문을 하는 사람으로서는 모르는 내용을 어떻게 질문해야 할지 계속 고민해야 하고, 질문을 받는 경우에는 내가 답변해야 하는 내용을 먼저 머릿속에서 정리해서 답변해야 한다. 라인에는 서로 질문하는 문화가 잘 갖추어져 있어, 많은 개발자가 함께 문제를 살펴보므로 기술을 이해하는 데 좋은 환경이다. 도전적으로 빠르고 깊게 기술적으로 성장하고 싶다면 라인에 오는 것을 추천하고 싶다.

더 많이 성장하고 싶은 주니어 개발자의 공부 팁

얼마 전까지만 해도 나 역시 개발자가 되기 위해 준비했던 사람으로서, 어떻게 하면 좀 더 멋진 개발자로 성장할 수 있을지 많은 고민을 했다. 그때 했던 생각들을 정리해보았다.

개발에 대한 흥미 잃지 않기

개발은 정말 재미있는 분야인 것 같다. 하지만 계속해서 꾸준히 공부해야 하고 복잡하게 꼬여 있는 문제들을 정의하고 해결책을 고민하는 분야이기 때문에 개발에 대해 꾸준히 흥미를 유지할 수 있도록 관리하는 것도 중요한 것 같다. 나는 좋은 해결책과 통찰력을 얻기 위해서 IT 기사와 기술 블로그를 꾸준히 찾아보곤 한다. 세상에는 나보다 뛰어난 개발자들이 셀 수도 없이 많다. 다른 개발자가 쓴 해결책을 100% 다 이해하지 못하더라도 그들이 접한 문제와 해결을 위해 접근한 방법을 보는 것만으로도 배우는 것이 많다고 생각한다.

최근에는 많은 회사가 기술 블로그를 운영하고 있다. 큰 기업뿐만 아니라 많은 스타트업도 기술 블로그를 운영하고 있으니 관심 있는 서비스를 운영하는 회사의 기술 블로그를 찾아보면 도움이 된다. 최근에는 awesome-devblog처럼 여러 기술 블로그 글을 일괄적으로 모아서 피드로 제공하거나 이메일로 발송해주는 형태의 서비스도 여럿 있다. 기술적 깊이뿐만 아니라 시야도 넓힐 수 있는 방법이다.

이미 잘 만들어진 소프트웨어에서 배우기

개발을 가장 빨리 배우는 방법은 내게 익숙한 소프트웨어를 따라 만들어보는 것이라고 생각한다. 어떤 언어, 어떤 도구를 사용할 것인지는 전혀 중요하지 않다. 처음에는 개발에 대해 아는 것이 절대적으로 부족하므로, 다양한 시도를 통해 작은 경험이라도 쌓아가는 것이 도움이 된다. 이 과정에서 소프트웨어 개발에 어떤 것들이 필요한지 직접 경험을 통해 익힐 수 있다. 이렇게 직접 만들어보는 접근법은 소프트웨어 개발에 대한 이해도를 빠르게 높일 수 있다는 장점이 있다. 예를 들어 만들어볼 만한 것들로는 간단한 수준의 메신저, 내가 자주 들어가는 사이트 크롤러, 내게 필요한 봇 등이 있다.

이론까지 탄탄한 개발자되기

다만 단순하게 따라서 만들기만 하다 보면 이론적인 부분을 이해하지 못하는 개발자가 될 수도 있으므로 유의해야 한다. 소프트웨어 개발은 복잡성을 다루는 영역이기에 이론적인 부분도 매우 중요하다. 이론적인 부분이 흔

들리면 문제해결은 고사하고 문제 자체를 정의하지 못하거나 문제 상황을 이해하지 못해 해결책을 찾는 시도조차 못하게 되는 상황이 발생할 수 있기 때문이다.

개발자의 이론적 배경을 탄탄하게 만드는 데에는 책이 좋은 것 같다. 해당 이론 또는 기술에 대한 윤곽을 쉽게 잡을 수 있기 때문이다. 새로운 기술을 접할 때 책을 먼저 한번 보고, 기술 문서를 보거나 코드에 접근하면 내가 지금 파보고 있는 코드가 어느 영역에 해당하는 것인지, 그리고 고민해야 하는 영역이 어떤 것인지 쉽게 알 수 있다.

라인에서 꿈꾸는 나의 미래

라인에 입사해서 많은 것을 배웠지만, 플랫폼 개발자로서의 시각을 배울 수 있다는 것이 가장 큰 수확이 아니었을까 생각한다. 플랫폼 개발자는 다양한 요구 사항을 전부 수용하면서도 지속적으로 확장할 수 있는 형태의 대규모 시스템을 만들기 위한 고민을 끊임없이 해야 한다. 좋은 플랫폼이 되려면 사소한 기능 하나라도 여러 상황에서 문제없이 사용될 수 있도록 유연성을 갖추어야 한다. 따라서 플랫폼 개발자는 하나의 문제만 바라보지 않고 여러 경우의 수를 고려해야만 하고, 이 과정을 통해 자연스럽게 넓은 시각을 배울 수 있다.

최근에는 생산성 향상 외에도 기술 트렌드 변화를 따라가기 위한 노력과 고민을 하고 있다. 우리 팀의 코어 시스템은 2011년부터 개발되고 운영되었는데, 그때와 지금은 개발 환경과 요구 사항이 많이 달라졌다. 지속적으로 개선하고는 있지만, 우리가 개발한 플랫폼이 경쟁력을 잃지 않기 위해서는 앞으로도 계속해서 필요한 요구 사항을 발견하고 기능을 더해가야 한다. 매일 바뀌는 시대의 변화를 놓치지 않기 위해서도 기술 블로그나 뉴스를 더 많이 찾아보게 되는 것 같다.

나는 라인에서 많은 것을 배웠고 앞으로도 더 많이 배우고 싶다. 라인과 함께하는 내일이 기대된다.

내가 미리 알았으면
좋았을 개발 생활 팁

강윤신

뭐든 문제를 던지면 해결책을 세 가지씩 내놓는 개발자. 사람이 쓰기 편한 서비스를 만들겠다는 목표를 가지고 있으면서도, 모두가 쓰기 편한 서비스라는 게 있을까 하는 의문을 품고 있다. 다음, 엔씨소프트, 그리고 다수의 스타트업을 거쳐 현재는 라인파이낸셜플러스에서 태국 은행 관련 서비스 개발을 하고 있다.

프로그래머로서의 나

나 자신은 주변 사람들과 그리 다르지 않은 평범한 편이라고 생각하고 살고 있었다. 시간이 지나면서 보니 나한테는 너무 당연했던 부분이 주변 사람들이 보기에 특이할 수도 있다는 걸 알게 되었다. 그중 대표적인 부분이 바로 '컴퓨터'이다.

학창 시절에 기억나는 일들은 대부분 컴퓨터랑 얽혀 있다. 새로 나온 그래픽 카드에 대해 학교에서 친구들과 열띤 대화를 했고(그때 엔비디아 주식을 샀어야 했다), 친구들 컴퓨터를 조립해주기도 했다. 학교 전산실에서 HTML로 홈페이지를 만들기도 했다. 어렸을 때부터 컴퓨터와 놀던 사람들 대부분이 그렇듯이 게임으로 시작해서 이후에 프로그래밍에 관심을 가진 것도 그렇다. 당연하게도 컴퓨터공학과로 진로를 정하고 대학을 갔다. 막상 대학에서 본 컴퓨터 공학은 내가 생각했던 것과 아주 달랐다. 나는 이용자들이 편하게 사용할 프로그램을 당장 만들어보고 싶었지만, 학교에서는 학생들이 컴퓨터에 대해 전혀 모른다고 가정하고 수업을 진행했다. 전공 수업도 내가 하고 싶은 프로그래밍에 직접 도움이 되는 수업보다는 자료구조, 알고리즘, 이산수학 등 좀 더 근본적인 영역의 이야기가 많았던 걸로 기억한다.

진로를 고민하다가, 친구의 권유로 대학교 2학년 때 병역특례를 하겠다는 생각으로 일을 시작했다. 그게 2000년이었다. 끙끙대며 알고 있는 모든 걸 이용해서 하루하루 일을 하고, 찾을 수 있는 방법들을 최대한 이용해서 문제를 해결했다. 병역특례가 끝나고 학교에 잠깐 돌아갔었지만, 이미 실무에 익숙한 상태에서 학교생활에 적응하는 데 실패했다.

여러 회사에 다니다 2013년에 1인 법인을 세웠다. 야구 통계를 제공하겠다는 생각으로 시작했었는데, 여러모로 준비가 부족했었다. 1천만 원의 자본금으로 법인을 세우고, 비즈니스 센터에 1인실을 빌려 혼자서 여기저기 다니던 기억이 난다. 이렇게 비용을 지불하면 앞으로 며칠이면 부도가 난다고 매일 포스트잇에 써서 계산하기도 했다. 아이템은 야구 통계이니 매일

저녁 사무실에서 온라인으로 야구 중계를 보면서 기록지를 작성하고, 작성한 기록지를 정리하는 프로그램을 짰다. 보통 야구가 오후 6시 30분쯤 시작하니 당연히 낮과 밤이 바뀐 생활이 되어버렸다. 오후 6시 30분쯤 당일 진행하는 경기들을 다 틀어놓고 문자 중계를 참고하면서 기록지를 작성하고, 야구가 끝나는 밤 11~12시쯤 기록지들을 편하게 컴퓨터로 옮기려면 어떻게 해야 할지를 고민하면서 프로그래밍을 하다 보니 집에는 아침 6~7시에 들어가기 일쑤였다.

진짜 문제는 사업을 시작하면서 프로그래밍을 할 생각만 했지 이걸 어떻게 고객들에게 전달해서 사업화해야 하는지에 대해서 전혀 감을 못 잡고 있었다는 거다. 좌충우돌하면서 고민만 하고 있을 때 비슷한 시기에 창업했던 지인에게서 제안이 왔다. 막상 사업을 시작하니 개발을 챙겨줄 사람이 필요하다며 CTO로 와 주는 게 어떻겠냐고 해서 고민하다 수락했다. 합류 후에는 개발 부분만 신경 쓰면 되니 마음이 편했다. 무엇보다 혼자 사무실에서 고민만 하고 있을 때보다는 일하고 있다는 느낌을 받아 기분 좋게 일했던 기억이 난다.

회사가 커지면서 권한도 늘고, 책임도 늘었다. 같이 근무하는 직원도 늘었고, 직접 개발자들을 채용하기도 했다. 초기 회사가 다 그렇듯이 비용 문제로 주로 신입 개발자들을 뽑았다. 사업 진행을 위해서 다른 임원들은 외부 미팅이 많다 보니 사무실에 상주하는 임원이 혼자라서 고생도 많이 했다. 새로 입사하는 직원들 장비 지급이나 직무별로 필요한 표준 장비 선정, 사무실 내 네트워크 설정부터 프린터 설정까지 모두 내 몫이었다. 당연히 여러 직군 사람과 이야기를 많이 해야 했는데 내가 사교성이 좋은 편은 아닌 데다가 기본적으로 냉소적인 성향이 있어서 오해도 많이 받았다. 또 한

가지에 집중하면 주변을 신경 안 쓰는 성격이다 보니 돌아보면 그리 좋은 CTO는 아니었을 것이다.

창업 초기 회사, 처음 해보는 CTO 역할에 너무 많은 압박을 받았다. 능숙한 사람이었다면 같이 일하는 사람들에게 업무를 나눠서 CTO 본연의 역할에 집중하는 선택을 했겠지만 그러기에는 당장 진행되어야 하는 부분을 빨리 해결하기에 바빴다. 정신없이 앞만 보고 달리다가 어느 순간 주위를 둘러보니 내가 가고자 했던 방향과 다른 사람들이 원하는 방향이 다르다는 것을 알게 되었다. "어쩔 수 없어"라는 말을 정말 싫어했는데 내가 동료들에게 그 말을 하고 있다는 걸 깨닫게 된 후, 대표에게 그만두겠다고 이야기했다.

그 뒤 몇몇 회사를 지나, 2018년 7월 라인파이낸셜플러스LINE Financial Plus에 합류하여 금융과 관련된 일을 하고 있다. 금융에 매력을 느낀 이유는, 순수 기술만으로 해결하지 못하는 분야라고 생각해서다. 개발자 측면에서 본다면 금융은 산업이 오래된 만큼 다양한 사례가 쌓여 있다. 그런 사례들이 법, 시행령, 가이드라는 이름으로 정리된 분야다. 기술 그 자체에 큰 매력을 느껴 더 깊이 파고들고 싶은 게 아니라면, 실생활과 닿아 있는 금융은 매력적인 분야다. 반대로 본다면 공부할 게 2배라는 이야기가 되기도 한다. 개발자이니 개발은 당연히 해야 하고, 개발하기 위해서는 산업을 이해해야 하니 금융에 대해 기본적인 사항들은 알아야 한다. 별생각 없이 작성했던 전세자금대출 계약 서류들도 지금 보면 많은 생각이 든다. 본격적인 금융은 처음 해보는 일이지만, 주변 사람들의 도움으로 조금씩 만들어지는 모습을 보니 처음 일을 시작할 때 기억이 나기도 한다. 좌충우돌하면서 실수도 많이 하고 있지만 조금씩 정리되는 모습을 보면서 뿌듯해하고 있다.

내가 개발을 처음 시작했을 때와는 업계 분위기도 많이 변했고, 무엇보다 프로그래머를 바라보는 사회적인 시선도 달라졌다. 혼자 혹은 소수의 사람이 골방에서 뭔지 모를 일을 한다는 시선에서 이제는 어엿한 사회의 일원으로 인정받았다는 느낌도 받고 있다. 그래서인지 요즘은 소위 '인싸' 프로그래머들을 찾기도 쉬워졌다. SNS 등을 통해 활발하게 활동하는 프로그래머도 많고, 유튜브 등에서 프로그래밍을 가르치는 사람들도 쉽게 찾을 수 있다.

내가 오랫동안 서비스 프로그래머로 지내면서 겪고 느꼈던 것들이 프로그래머를 꿈꾸는 사람들에게 혹시 도움이 될까 하여 이 글을 쓴다.

개발자의 대화법

내가 생각하기에 당연한 일이 상대방에게는 그렇지 않다는 걸 많이 겪었다. 돌이켜보면 그때 무슨 생각으로 그렇게 자신감이 넘쳤는지 모르겠지만, 이렇게 당연한 걸 왜 상대방은 이해하지 못할까 하는 생각을 많이 했다. 지나고 나서 보니, 생각보다 더 다양한 사람이 더 다양한 경험을 기반으로 성장한다. 서로 다른 경험을 가진 사람들이 팀으로 모이게 되면 제일 먼저 발생하는 문제가 의사소통이다. 일을 하면서 제일 힘들었던 부분이기도 하다.

개인적으로 오래 알고 지낸 사람들과 이야기할 때는 생략하는 내용이 많아도 내용 전달이 그리 어렵지 않았다. 마음이 급해서 중간 과정을 생략한다든가, 주어를 빼먹고 전달해도 서로 자주 쓰는 표현이 익숙하다 보니 오해가 생기는 일도 적고, 내 의도가 잘 전달되었는지 확인하기도 쉬웠다. 하지만 일을 시작하면서 만난 동료들과는 초반에 항상 어려움을 겪었다. 보통은 내 습관에서 발생하는 문제였는데, 표현이 거친 편이고 반어법이나 말장

난을 좋아하다 보니 의도와는 정반대로 이해하는 사람들이 있었다. 내 의도와는 다르게 상대가 받아들이고 생각지도 못하게 상처를 주게 되어 미안해한 적도 많았다.

이런 어려움이 왜 발생하는지를 파고들다가 '고맥락 문화high context culture'라는 단어를 찾았다. 의사소통이 실제로 표현한 내용을 기준으로 이루어지는지, 아니면 여러 다양한 맥락을 고려해서 이루어지는지를 기준으로 고맥락과 저맥락을 구분한다는 개념이다. 인류학자 에드워드 홀이 주장한 내용인데, 일하면서 비슷한 상황을 많이 겪다 보니 기억에 남는 개념이 됐다. 어떤 사람을 한 가지 스타일로 정의할 수 없듯, 나도 상황에 따라 고맥락/저맥락 커뮤니케이션을 하지만, 일을 할 때는 주로 저맥락에 가까운 형태로 의사소통을 하는 편이다. 반면 회사에서는 고맥락 커뮤니케이션을 하는 사람도 흔하게 볼 수 있다. 이 과정에서 서로 이해하는 내용이 달라지는 문제가 생긴다. 상대방이 고맥락을 기준으로 표현한 내용을 내가 저맥락으로 이해한다든가, 그 반대의 상황이 벌어지는 경우가 자주 있었다.

이러다 보니 내 의도를 표현하려면 많은 노력이 들었다. 특히 예전부터 주변 사람들에게 눈치 없다는 이야기를 많이 듣다 보니, 상대방이 함축적으로 이야기하면 어떤 의도로 표현한 내용인지를 이해하지 못해 헤매기도 했다. 그래서 내가 이야기할 때는 장황하게 생각 자체를 다 풀어서 전달해보기도 하고, 과도하게 축약해서 상대가 어떻게 이해하는지를 확인해보기도 했다.

예를 들어 내 말을 듣는 상대방이 지금 대화 주제를 처음 듣는다고 가정해보기도 했다. 상대방은 이 주제를 처음 듣는다고 가정하면 대화 진행 시 어떤 주제에 대한 설명을 먼저 하고 이후 단계로 넘어가야 한다. 그러다 보니 이 주제가 왜 나오게 됐는지, 중간에 검토했던 다른 내용은 어떤 게 있었는지, 각각의 선택지에 대해 어떤 판단을 내렸고 결과적으로 어떤 방법을 선택했는지 시간 순서로 나열해야 했다.

혹은 반대로, 상대방은 관련 주제에 경험이 많고 지금까지 어떤 일이 있었는지에 대해 충분히 알고 있다고 가정해보기도 했다. 이 경우에는 결과만 간결하게 전달하는 형태로 설명했다. 결과를 먼저 이야기하고, 중간에 있었던 중요한 상황들은 이후에 설명하는 형태로 대화하는 방법을 이용했었다. 대화가 늘어지지 않고, 핵심만 빠르게 전달 가능하다고 생각해서 한동안은 이런 방법으로 이야기했다. 다만 나중에 확인해보니, 내가 의도한 내용과는 여러 가지로 다르게 이해하는 사람도 많았고, 가끔은 내용이 잘못 전달되어서 분위기가 험악해지기도 했었다.

여러 가지 방법을 적용해본 결과, 내 스타일에는 최대한 풀어서 설명하는 쪽이 낫다는 결론에 도달했다. 개인적인 이야기를 할 때야 그럴 필요는 없겠지만, 일과 관련해서는 최대한 주변 상황을 설명하고 그 결과 내가 어떤 과정을 거쳐 이런 결론을 내렸는지 일일이 설명하는 방법을 선택했다. 이야기가 길어지고, 끝까지 듣기 전에는 내가 무슨 말을 하려고 한 건지 알기 어렵다는 문제가 있지만 그래도 내 경우 이 방법이 편했다.

어떤 방법을 선택하더라도 상대방이 내 의도를 이해했는지 한 번 더 확인하는 과정을 거치도록 하자. 업무 진행 과정에서 한쪽은 다 설명했다고 생각했는데 받아들이는 쪽은 설명이 부족하다고 느끼는 상황은 자주 일어난다. 특히 이런 경우 주변에서 실제로 발생한 문제보다 더 크게 느끼기 때문에, 일에 미치는 영향도 크다. 초기에 대화하는 과정에서 확인하기만 했어도 쉽게 해결될 일이 지나고 나면 손쓸 수 없을 정도로 커진다. 추가로, 내 의견을 전달하는 일도 중요하지만, 상대방의 의견을 받아들이는 일도 중요하다. 내가 생각하는 내용을 정확하게 전달하는 데에만 몰두해서 상대방 이야기를 제대로 이해하지 않고 넘어가는 일이 없도록 항상 조심하자.

처음 합류한 팀에 잘 적응하는 팁

라인파이낸셜플러스에 처음 합류하자마자 진행한 업무는 성능 테스트였다. 처음 하는 일은 아니라서 특별히 더 힘들거나 하진 않았지만, 당황했던 점은 오자마자 당장 뭔가 일을 해야 한다는 부분이었다. 성능 테스트를 진행하려면 전체 아키텍처라던가, 각 서비스 간의 의존관계 등 미리 알아야 할 부분이 있는데, 관련 문서가 어디 있는지 찾기도 전에 업무에 들어간다는 게 부담이었다. 다른 직군 사람도 마찬가지겠지만, 개발자들도 스트레스에 취약하다. 사실 나를 포함해 지금까지 같이 일하면서 본 동료 대부분이 스트레스에 취약했다. 각자 스트레스로 받아들이는 부분이 다를 뿐이지, 결과적으로 스트레스에 취약하다는 부분은 유사했다. 그래서 내가 입사한 이후 팀에 합류하는 분들을 지켜봤다. 팀 합류 혹은 회사에 합류하는 분들이 어디서 스트레스를 많이 받는지, 어떻게 하면 합류 후에 스트레스를 덜 받을 수 있을지 고민하다, 몇 가지 방법을 찾아 실행해봤다.

보통 첫 출근을 하면 HR과 간단한 OJT를 하고, 각 팀에서 온 인솔자와 자리로 간다. 이때부터 스트레스가 시작된다. 새 장비, 생소한 환경, 낯선 사람들. 사회성이 좋은 개발자도 있겠지만, 낯을 가리는 개발자가 많다. 이럴 때는 뭔가 할 일을 주는 편이 좋다. 출근해서 다른 팀원들은 바쁘게 돌아다니는데 혼자 앉아 있으면 별생각이 다 들기 마련이니까. 그래서 팀에 처음 온 분에게 관련 문서 링크를 모아서 메일로 전달한다. 메일에는 환영 인사, 개발 환경 소개, 개발 환경 구축에 관한 온보딩 문서 링크가 들어 있다. 팀에 새로 온 사람이 빨리 적응하도록 기본적인 내용을 모아놓았다. 링크를 따라가다 보면 우리 팀이 무슨 일을 하는지, 팀에서 어떤 기술들을 이용하고 있는지를 알게 했다. 팀 내에 원래 온보딩과 관련된 위키 페이지가 있어, 팀에 합류한 후에 관련 페이지를 손대기 시작했다. 우리 팀의 맥 OS 개발 환경은 여러 페이지를 찾아보지 않아도 쉽게 설치하도록 문서를 추가했다. 물론 그렇게 딱딱하게 할 일만 적혀 있는 것은 아니고, 몇몇 문서는 개발자들이 많이 갖는 취미 생활인 테마 변경에 대한 내용도 있다(iTerm이나 IntelliJ IDEA, Vim 등 개발 도구 테마 설정을 계속 바꾸면서 자신에게 맞는 디자인을 찾는 개발자가 많다. 개발자들의 소소한 취미 생활이라고 보면 된다).

　문서가 충분히 준비되어 있고, 업데이트가 잘 되어 있다면 새로 참여한 인원들 적응이 수월하겠지만, 현실적으로 이를 잘 갖춰두기는 어렵다. 힘들게 만든 문서가 갱신되지 않고 예전 모습으로 남아 있다면 오히려 혼란을 줄 수 있다. 그래서 처음 온 분들에게 온보딩 문서에 따라 진행하면서 정상 동작하지 않는 부분이 있거나, 새 버전이 나오면서 바뀐 부분이 있다면 수정을 부탁한다. 그렇게 차곡차곡 쌓인 문서가 이제 팀 위키에 어느 정도 갖춰져 있다. 새로운 사람이 와도 처음에 느끼는 막막함은 좀 덜할 것으로 생각한다. 모두 만족하는 수준이 되기는 어렵겠지만, 이런 식으로 조금씩 쌓아가면 팀 사람들이 받을 스트레스가 좀 줄어들 거다.

　또한, 빠르게 변하는 개발 환경에 좀 쉽게 적응하도록 매주 뉴스레터를 보내고 있다. 사실 거창하게 생각하고 시작한 일은 아닌데, 예전에 개인적으로 몇 번 지인들에게 한 주간 읽었던 기술 관련 글 중 괜찮았던 글 링크와 간단한 한 줄 요약을 보내자 반응이 괜찮았다. 그래서 한 주간 구독 중인 RSS 중 다른 사람들도 읽어볼 만하다고 생각하는 링크를 모아 주간 뉴스레터를 보내고 있다. 대부분은 아무 반응이 없지만, 10~20% 정도 인원은 여러 경로로 피드백을 해준다. "이 주제는 좀 별로였어요", "이 글은 내용이 좀 잘못된 것 같은데요", "요즘 이런 주제가 핫하던데, 이쪽 주제도 넣어주세요" 등등.

생산성을 좌우하는 개발자의 습관

주변에서 기술 관련 문의 사항이 생기면 질문을 많이 받는 편이었는데, 많이 듣는 질문이 왜 최신 버전을 고집하느냐는 질문이다. 실무 개발을 시작하기 전에는 생각하고 있는 모습이 실제로 동작하는지가 우선이라 버전에 큰 관심을 가지기 어렵다. 막상 실무를 시작하고 나면, 기존 코드가 버전 변경 후에도 정상 동작하는지가 부담이 되므로 새 버전 도입을 미루기 마련이다. 어떤 버전을 사용해야 하는지 기준이 없어서 그런 경우도 있고, 동작하는 프로젝트를 망치게 될까 두려워서 버전 업그레이드를 미루는 일도 있다. 과중한 업무로 버전업에 신경 쓰지 못하는 경우도 흔하다.

하지만 개인적으로는 항상 정식 출시된 최신 버전을 사용하라고 안내하고 있다. 특히 프로젝트 중간이라도 X.Y.Z 형식의 버전에서 Z가 올라가는 정도는 무조건 업데이트하도록 안내하고 있다. 새 버전으로 얻는 이득이 기존 버전을 유지하는 것보다 낫다고 봐서다.

개발자들이 새 버전 도입에 부담을 느끼는 이유는 여러 가지가 있겠지만, README, CHANGELOG, 공식 문서를 읽는 데 익숙하지 않기 때문이라

고 생각한다. 이런 문제는 보통 영어 문서에 대한 부담으로 시작되는 경우
가 많았다. 이에 대해 한 가지씩 조금 더 길게 살펴보겠다.

개발자 영어

사실 개발자 영어는 학교에서 배우는 영어나 시험을 위해 배우는 영어와
는 다른 점이 많다. 막상 외국인과 편안하게 영어로 대화하는 사람이라도
관련 개발 용어를 이해하지 못하면 영문 개발 문서를 못 읽는 게 정상이다.
반대로 외국인과 대화하는 게 어렵더라도 개발 문서를 잘 읽는 것도 가능하
다.

정규교육 과정에서 배웠던 영어 일부와 개발에서만 쓰는 용어를 합치면
개발 영어가 된다. 프로그래밍을 하다 보면 대부분이 영어이기 때문에 이
정도 영어는 사실 편안하게 이해할 수 있다고 본다. 혹은 조금만 노력해도
어느 정도 이해에는 문제가 없다고 생각한다. 시간은 좀 걸리겠지만.

개인 취향이긴 하지만, 번역 문서로 이해하는 방법도 추천하지 않는다.
원문이 너무 어렵다면 참고는 가능하겠지만, 가능하면 원문을 보길 권한다.
번역 과정에서 번역자의 생각이 들어가기 마련인데, 기술 문서의 경우 용어
번역 등의 문제로 의도치 않은 오역이 발생하는 경우가 많다. 가능하다면
원문으로 좀 더 정확하게 이해하기를 추천한다. 영어가 너무 힘들어 국문
문서를 참고하고 싶다면 영어 원문을 번역한 글보다는 차라리 한국 개발자
가 직접 겪은 내용을 남긴 블로그를 참고하는 편이 낫다. 아무래도 개념 소
개보다는 실제 적용하면서 겪었던 일을 소개하는 내용이 많겠지만, 잘못된
해석이 개입할 여지는 적어진다.

공식 문서나 README는 프로젝트에 필요한 프레임워크나 라이브러리를 선택할 때 중요하게 이용된다. 보통 프로젝트를 처음 생성할 때 어떤 프레임워크를 기준으로 프로젝트를 진행할 건지, 이용할 주요 라이브러리는 무엇인지를 결정하는데, 이런 종류의 의사결정을 할 때 제일 먼저 찾아보는 게 공식 문서다. 보통 공식 문서 앞에는 이 프레임워크 혹은 라이브러리가 어떤 문제를 해결하려고 제작되었는지에 대한 설명이 있다. 프로젝트에서 해결해야 하는 문제가 문서에서 설명하는 문제와 관련이 없다면, 아무리 유명하고 사용자가 많은 프레임워크라도 과감하게 버리는 편이다. 오픈소스를 이용하면서 해당 라이브러리가 어떤 문제를 해결하려고 나온 제품인지를 확인하지 않으면 출시 시점에 항상 고생하게 된다. 급하게 진행되는 프로젝트에서는 처음 선택을 되돌리기 어려우니 여러 가지 임시방편을 동원해서 해결하게 되는데, 이렇게 처리한 부분에서 항상 문제가 발생한다.

공식 문서를 만드는 작업은 생각보다 큰 노력과 시간이 들어가는 일이다 보니, 공식 문서가 없는 라이브러리도 많다. 이런 경우에는 README 문서를 확인한다. 요즘 오픈소스 라이브러리들은 제대로 된 공식 문서가 없더라도 README 문서 정도는 충실하게 작성되어 있으므로 필요한 정보를 확보하기에는 충분하다.

마찬가지로, 프로젝트 진행 중 코드 리뷰 시에 공식 문서, README에 나와 있는 해당 오픈소스의 목적이 판단 기준이 되기도 한다. 캐시를 목적으로 나온 라이브러리와 key-value 저장을 목적으로 나온 라이브러리는 실제 사용할 때에도 다르게 이용하는 편이 성능과 구조 모든 면에서 낫다.

개인적으로는 간단한 셸 스크립트나 RSS 등을 통해서 주요 라이브러리의 새 버전 출시 소식을 항상 접하고 있다.

CHANGELOG 확인하기

CHANGELOG나 이슈 트래커는 단문 위주이고, 보통 코드와 연결되어 있어서 읽기가 편하다. 요즘은 시맨틱 버저닝semantic versioning으로 버전 표시 방식이 통일되는 분위기고, Keep a Changelog로 CHANGELOG 형식도 통일되는 분위기라 익숙해지면 쉽게 변경 사항을 파악할 수 있다.

특히 CHANGELOG에는 이전 버전과 지금 버전의 차이가 풀 리퀘스트 혹은 이슈 단위로 기록되어 있어 구체적으로 어떤 변경이 있었는지를 확인하는 게 가능하다. 매일 작업을 하며 젠킨스를 이용해 여러 가지 리포트를 생성하고 있다. Dependency-Check를 통해 혹시 보안 문제가 있는 라이브러리 버전을 이용하고 있는 건 아닌지, 테스트가 실패하는지 등을 확인한다. 테스트가 주요한 로직을 커버하면 새 라이브러리를 적용할 때도 부담이 덜하다.

이외에도 개인적으로는 출근하자마자 터미널을 열고 brew update && brew upgrade && brew cleanup 명령으로 하루를 시작한다. 맥에서 이용 중인 개발 관련 프로그램들이 업데이트되는 걸 보면 꼭 CHANGELOG를 확인한다. 보통 소소한 문제들이 해결되었거나, 반복적인 작업을 줄여주는 기능이 추가되었기 때문에 CHANGELOG를 읽는 버릇만 들여도 큰 도움이 된다. CHANGELOG를 읽는 습관은 문제해결 시에도 많은 도움이 된다. 문제가 발생했을 때 구글 검색을 통해 관련 문제가 보고된 적이 있는지, 혹시 보고되었다면 패치된 버전이 이미 나와 있는지를, 검색에서 찾은 이슈와 연결된 CHANGELOG로 확인할 수 있다.

실제로 2019년 7월 진행한 프로젝트에서 이용 중인 프레임워크에서도 복잡한 작업 없이 마이너 버전 업그레이드로 난감한 문제를 해결한 적이 있다. CHANGELOG, README를 읽는 습관만으로도 평소 작업에서 생각보다 많은 시간을 절약할 수 있다.

어떻게 질문해야 할까?

앞에서 개발자들이 갖는 스트레스에 관한 이야기를 조금 했는데, 개인적으로는 질문하기가 제일 스트레스를 많이 받는 어려운 일이다. 질문이 결국 같이 근무하는 동료의 시간을 뺏는 게 되어버려서, 최대한 짧은 방해로 궁금한 부분을 해결해야 하다 보니 스트레스가 이만저만이 아니다. 특히 라인 파이낸셜플러스는 글로벌 금융을 다루는 회사다 보니, 업무 자체에서 오는 스트레스보다 질문을 어떻게 해야 하나를 고민하는 스트레스가 더 심할 정도다. 기업 회계나 정산 등의 업무는 이미 개발해봐서 물어보기가 편한데, 금융은 처음 뛰어드는 분야인 데다가 심지어 국제 금융을 다루다 보니 국가별 규제 등을 파악하는 데 시간이 걸리고 어디서부터 실마리를 찾아야 할지가 막막하다.

유관 부서 사람들은 다양한 경험이 있어, 질문을 하면 보통 모르는 부분을 해결할 수 있다. 진짜 어려운 부분은 '어떻게 물어봐야 하는가?'라는 부분이다. 그냥 생각나는 대로 막 던지기에는 업무를 방해하는 게 되어버리고, 그렇다고 가만히 있으면 프로젝트가 진행되질 않는다. 회의 중에 궁금한 게 생겨도 뭔가 회의 진행을 방해한다는 느낌이 들어 속으로만 생각하게 된다. 질문하면 "그것도 모르세요?" 같은 반응이 나올까 봐 주저하게 된다.

뭔가 반복되는 일이 발생하면 프로그래밍으로 풀어버리는 개발자 세상에서, 당연히 질문에 대한 정리도 이미 되어 있다. 게임 프로그래머들이 모이는 게임코디 커뮤니티에는 '질문하는 법'이라는 글이 게시판에서 많은 공감을 얻었다(http://bit.ly/2yWGcVS). 리눅스 커뮤니티 KLDP에는 'How To Ask Questions The Smart Way'라는 에릭 레이먼드의 글이 번역되어 올라와 있다(http://bit.ly/2KGjXcB). '안녕 리눅스'로 유명한 김정균 님은 oops.org에 'HOWTO For Beginners'라는 제목으로 초보자들이 쉽게 범하는 질문과 답변에 관한 오류를 정리해두었다(http://bit.ly/2IHUBFW).

핵심은 '내 상황을 정확하게 알리자' 정도로 정리하면 되겠다. 사실 이게 정말 어려운 일인데, 질문이 어려운 이유가 내가 어떤 상황인지 파악이 어렵기 때문이다. AML이라는 단어를 맨 처음 들었을 때 anti-money laundering을 떠올리기는 쉽지 않다(특히 다른 분야에서 온 사람이라면 더욱 그렇다). 구글 검색을 해보면 급성 골수성 백혈병이라는 결과가 나오기도 한다(분야마다 비슷한 약어가 있기 마련이다). 그러다 보니 꽤 많은 시간을 검색에 할애했고, 생소한 분야에서 오는 어려움에 업무를 이해하기 위해 검색하느라 쓰는 시간까지 겹쳐 한동안은 정말 정신없이 보냈다. 한 가지 용어를 이해했다고 생각하면 모르는 용어가 또 나오고, 좀 이해할 만하다 싶으면 지금까지 이해했던 내용과는 다른 용법이 튀어나온다. 이런 용어는 익숙해지는 방법밖에 없다. 가능한 범위 안에서 자주 쓰는 용어들은 확실하게 찾아보도록 하자.

도저히 안 되겠으면, 주위 사람들에게 도움을 요청하는 게 좋다. 상황을 확실하게 설명하고 아예 긴 시간을 부탁하는 거다. 미리 "용어가 너무 생소해서 회의를 따라가기가 어렵습니다. 잘 모르는 용어를 정리해왔는데 설명해주실 수 있나요?"와 같이 처음부터 시간을 길게 할애해달라고 양해를 구하는 거다. 물론 동료를 방해하는 일이다 보니, 상대방 상황에 맞춰서 도움을 부탁해야 하고 주제를 명확하게 하는 게 좋다. 처음 하는 업무일 경우 높은 확률로 용어에 적응이 안 된 거니, 용어를 알고 싶다고 물어보는 것으로 시작하는 방법도 있다.

프로그래머를 꿈꾸는 사람들에게

오픈이 다가오면 개발자는 힘들다. 오픈 직전에 평온한 조직을 겪어보지 못했다. 오픈 날짜가 다가오면 마감일에 쫓기면서도 버그는 계속 늘어나는 상황을 겪기도 한다. 그 정도가 되면 자면서도 일에 쫓긴다. 수면 질이 떨어지면서 다음 날 업무에 지장을 겪는 악순환이 반복되기도 한다. 핀테크 혹은 금융의 경우 여기에 '돈'이라는 민감한 문제가 섞이게 된다. 단순 실수로 실제 돈이 움직이는 상황이 발생하다 보니, 보수적으로 접근하게 된다. 기존 시스템이 다양한 예외 상황에 대응한다면 시스템 전면 개편보다는 버그 수정이나 기능 개선을 우선하게 된다. 라이브러리나 프레임워크 선택 시에도 마찬가지다. 최근에 나온 기능을 빨리 받아들이기보다, 기존 시스템에서 잘 동작 중인 라이브러리를 쓰는 편을 선호하는 사람도 많다. 그러다 보니 새로운 기술에 관심이 많은 사람이 보기에는 지루해 보이기도 한다.

물론 금융 관련 서비스는 개인과 밀접한 관계에 있다 보니 큰 성취감을 얻는 분야이기도 하다. 간단한 기능이라도 돈과 직접적인 연결 고리가 있는 분야이다 보니 내가 진행한 프로젝트가 실제로 고객의 삶에 영향을 미친다는 생각이 들어 유사한 수준의 다른 작업을 할 때보다 더 큰 성취감을 느낄 때도 있다. 금융은 산업이 오래된 만큼 다양한 사례가 쌓여 있고, 개발하기 위해서는 산업을 이해해야 하니 금융에 대한 기본적인 사항들을 공부해야 한다. 특히 라인에서 하는 프로젝트는 국내보다는 해외시장을 기준으로 하는 경우가 많아 다양한 경험을 하고 있다. 국가별로 다른 금융 환경에 맞춰 프로젝트를 진행해야 하니 아무래도 시야가 넓어진다는 느낌을 받고 있다.

글을 마무리하는 단계에서 다시 생각해보니 내가 진짜로 좋아했던 일은 새로운 무언가와 만나는 일, 새로운 지식을 알게 되는 일이었던 모양이다. 가끔은 그런 성향 때문에 더 힘들기도 했지만, 지금 와서 생각해보니 나름 행복하게 지내온 모양이다. 나는 요즘 전혀 상관없어 보이는 모니터 속의 세상과 실생활을 프로그래밍 언어와 금융으로 연결하고 있다. 여행 한 번 다녀온 것이 전부였던 외국과 서비스로 연결되어 있고, 그 서비스를 만들면서 다양한 사람과 연결 고리를 늘려나가고 있다.

프로그래밍은 결국 커뮤니케이션이라고 생각한다. 사람과 컴퓨터의 대화, 같이 일하는 동료들과의 커뮤니케이션에서 시작한다. 그 방법이 코드일 때도 있고, 블로그나 스택오버플로 글이 되기도 하고, 말로 하는 대화가 되기도 한다. 이 글을 읽는 독자가 새로운 지식에 목말라 있고, 항상 더 나아질 방법을 찾는 사람이라면, 프로그래밍에 대해 알아보길 권한다. 꼭 직업으로 개발자를 선택하지 않더라도, 세상과 대화하는 다른 방법을 이해할 수 있을 테니까 말이다.

라인에서 새로운 도약을
꿈꾸는 사람들

블록체인
최고 테크니컬 디렉터의 선택

이홍규

게임, 만화, 무협지, 금융, 투자, 스키, 야구, 영화 등 다양한 분야에 관심이 많은, 메이저 리그 구단 주가 아직도 꿈인 개발자였던 사람. 증권사 홈트레이딩 시스템, 홈 네트워크, 모바일 미디어 플랫폼, 핀테크, 인공지능을 거쳐, 지금은 라인의 블록체인 플랫폼 링크체인으로 세계 정복을 꿈꾸고 있다.

스타트업에서 깨달은 세 가지 법칙

블록체인을 시작하기 전, 세 번의 스타트업을 경험했고 그때마다 꼭 기억해야 할 한 가지씩을 배우게 되었다. 그리고 그 배움으로부터 성공적인 블록체인 스타트업을 만드는 데 기여할 수 있었다. 내가 배운 것들을 정리해본다.

아깝다고 생각할 때가 가장 가치가 높을 때다

첫 번째 스타트업은 2001년부터 참여한 홈 네트워크 사업을 하는 회사였다. 당시 모바일 플랫폼 이후 다음 플랫폼이 무엇인가를 모두 고민하던 시기였고 홈이 다음 플랫폼이라 생각하며 많은 업체가 홈 네트워크 사업에 진출했다. 국내의 삼성, LG, 현대, SK뿐만 아니라 IBM, 마이크로소프트, 소니 에릭슨 등 글로벌 굴지의 기업들까지 모두 홈 네트워크에 매진했다. 수십조 원의 시장이 창출될 것이라 예상하고 도전했지만 많은 회사의 다양한 투자와 도전은 대부분 실패했고, 국내에는 모 건설사가 주도하는 홈 네트워크 시스템만이 연간 몇백억 원의 시장을 창출하며 겨우 명맥을 유지할 수 있었다.

2002년 월드컵이 한창일 때, 당시 내가 다니던 스타트업은 국제 홈 네트워크 표준 기구인 OSGi의 표준에 맞는 홈 게이트웨이를 만들 정도로 세계에서 몇 손가락 안에 꼽힐 정도의 기술력을 갖춘 회사였다. 그러다 보니 많은 곳으로부터 투자 문의를 종종 받는데, 그중 약 60억 원의 투자를 원하는 곳과 거의 합의 단계까지 진행된 적이 있었다. 좋은 조건이었지만 '시장 상황도 좋고 우리가 이렇게 뛰어난 기술을 갖고 있는데, 올해 조금 더 준비해서 내년에 더 좋은 조건으로 투자를 받는 게 좋겠다'라고 판단하여 합의 직전의 투자 건을 중단했었다. 하지만 기대와는 다르게, 모두가 다음 플랫폼이라고 여겼던 홈 네트워크 시장에 대한 관심은 불과 1년 만에 빠르게 식었고, 2005년 초 회사 이름만 남긴 채 같이 일하던 모든 좋은 인재는 각기 뿔뿔이 흩어지게 되었다.

시장은 어찌될지 알 수 없기에, 조금 손해를 보는 것 같다고 생각할 때가 오히려 가장 적절한 타이밍이란 것을 몸소 느꼈다. 이후 여러 스타트업 대표들을 알고 지내며, 그들도 나와 비슷한 경험을 꼭 한 번씩 했다는 이야기를 들었는데, 그 덕분에 내가 상시 기억하게 된 법칙이 되었다.

빠르다고 반드시 좋은 것만은 아니다

두 번째 스타트업은 홈 네트워크 서비스를 함께했던 동료 몇 명과 모여 같이 창업한 회사였다. 당시 우리는 2만여 세대에 이르는 아파트에 홈 네트워크 시스템을 납품하고 운영 중이었다. 단순히 소프트웨어만 파는 게 아니라 세대기, 로비폰, 경비실기, 단지 서버 등 필요한 하드웨어도 같이 납품하고 운영하는 일이었는데, 아직은 시장이 충분히 성숙하지 않은 상태였다. 많은 경쟁자가 있는 하드웨어 사업은 한번 생산한 제품을 연간 일정 수준 이상 판매할 수 있어야 꾸준히 회사가 이득을 남길 수 있는 분야였지만, 성숙되지 않은 시장이라 다양하고 새로운 제품을 만들어야 해서 하드웨어만으로는 회사의 성장을 이루기는 어려웠다. 그래서 별도 서비스를 통해 부가 수익을 만들 수 없을지 언제나 고민이 많았는데, 짜장면 배달 서비스를 하면 좋겠다는 아이디어가 떠올랐다. 이때가 2007년이었는데 길 가다 받은, 혹은 집에 붙은 전단지를 통해 식당에 전화를 걸어 음식을 주문해 먹던 시절이었다. 우리가 운영하던 아파트 홈 네트워크 시스템의 스마트 디스플레이를 통해 아파트 주변의 배달 음식 전단지를 보여주고 사용자가 바로 음식점에 주문, 배달까지 받을 수 있도록 하는 서비스를 구상했다.

어디서 많이 들어본 서비스 같지 않은가? 요즘 굉장히 인기 있는 '배달의민족'과 유사한 서비스 모델이다. 처음 이 아이디어를 생각했을 때 너무 신이 났고 우리는 성공을 자신하며 바로 실제 아파트 단지를 중심으로 서비스를 시도해보았지만, 결과는 실패였다. 당시를 떠올려보면 인프라, 기술, 사용자 인식, 규모의 경제 등 모든 환경이 아직 미흡했다. 아직 성숙하지 않은 시장에서 10보 빠른 시점에 시도한 사업은 성공하기 매우 어렵다는 사실을 이때 뼈저리게 느끼게 되었다. 몸소 체험한 후에야 남들보다 무조건 더 빨리, 먼저 시작하는 게 능사는 아니라는 교훈을 얻게 되었다.

사람이 우선이다

2008년은 모두에게 힘든 시기였을 것이다. 나에게도 그랬다. 리먼 브라더스로 시작된 금융 위기 때 나는 7년간 CTO로 일했던 회사를 정리해야 했다. 창업 멤버로서 적극적으로 회사 운영에 참여하면서, 주요 건설사와 단독 계약을 따기도 했고 중국에까지 수출하여 성장시켜온 회사였기에 심리적으로 많이 힘들었다.

회사를 정리하는 과정에 많은 어려움이 있었지만 대표님은 최대한 직원들을 챙겨주려 했다. 나도 회사 정리가 잘 마무리될 때까지 최대한 남아 있기로 하고, 어쩔 수 없이 떠나야 했던 훌륭한 직원들이 좋은 자리를 찾아 갈 수 있도록 많은 노력을 했다. 이런 정리 과정에서 경제적으로 많은 손해를 보기도 했다.

하지만 좋은 사람들과의 인연은 반드시 새로운 행운을 가져온다. 회사를 정리한 후 입사한 다음 회사에서 나는 이전 회사의 좋은 동료들과 다시 한번 같이 일할 기회를 가지게 되었다. 우리는 다 함께 한마음으로 꾸준히 회사를 성장시켜나갔고, 그 결과 M&A를 통해 엑시트exit까지 성공적으로 이루며 유의미한 성과를 거뒀다. 그 어떤 순간에도 가장 소중한 것은 결국 사람이라는 것을 깨닫게 해준 소중한 경험이다.

블록체인을 시작하다

지난 스타트업에서의 얻은 경험과 깨달음을 바탕으로, 나는 다음 스타트업을 시작했다. 블록체인이었다.

2016년, 나는 데일리금융그룹이라는 핀테크 기업에서 핀테크 기반의 여러 관련 업무를 하고 있었는데, 데일리금융그룹에 속한 회사 중 암호화폐 거래소인 코인원이 있었다. 지금은 블록체인이라는 단어를 한 번이라도 들어본 적 없는 사람을 찾기 어려울 정도지만, 당시 블록체인 시장은 매우 초기 단계였다. 일반인은 당연히 블록체인에 대해 알지 못했고, IT에 종사하는 일부 사람만 관심을 갖는 플랫폼이 블록체인이었다. 또한 이더리움 클래식 해킹, 여러 거래소 해킹 등 블록체인 연관 서비스의 안정성에 대한 확신도 부족했고 사회의 인식도 불분명한 시기였다.

운이 좋게도 마침 코인원의 대표가 내가 잘 알고 지내던 후배였다. 그래서 자연스럽게 암호화폐에 대해 많은 이야기를 나눌 수 있었고, 암호화폐와 관련되어 이런저런 프로젝트를 함께 이야기하곤 했었다. 그러다 2016년 4월 국내 거래소 최초로 코인원에서 이더리움을 상장하는 걸 바로 옆에서 지켜보았고 회사가 급속도로 커가는 모습도 볼 수 있었다. 솔직히 이때까지도 블록체인은 후배가 하는 멋진 회사의 사업 영역으로 생각했었고 블록체인과 시장에 대한 확신이 부족했다. 하지만 암호화폐에 대해 항상 관심을 가지고 누구보다 먼저 움직이던 코인원을 가장 가까운 곳에서 계속 지켜볼 수 있었던 것은 나에게 굉장한 행운이었다. 덕분에 블록체인 기술에 대해 꾸준한 관심을 유지할 수 있었기 때문이다.

코인원의 이더리움 상장을 지켜본 2016년 말, 나는 증권사 공용 인증 서비스를 블록체인 기반으로 개발하기 위한 컨소시엄에 참여하게 되었다. 블록체인 시장에 대해 스스로 사업적인 확신이 뚜렷하지 않았지만, 나는 컨소시엄에 정말 많은 노력을 들였고 그 결과 엔터프라이즈 영역에서 확실한 레퍼런스와 기술 우위를 확보할 수 있었다. 이제 막 시작한 블록체인 사업을 어떤 방향으로 펼쳐나가야 할지 생각이 많았다. 엔터프라이즈 영역의 블록체인 솔루션을 만들 경우, 국내에서 사업을 확장하기에는 내수 시장 규모의 한계가 명확했고 해외 진출 또한 쉽지 않기 때문에, 당시 블록체인 사업의 전개 방향에 대해 정말 많은 고민을 했다.

이듬해인 2017년 5월, 우리는 새로운 인사이트를 얻기 위해 세계적인 블록체인 행사인 뉴욕 컨센서스에 참여했고 이게 큰 전환점이 되었다. 컨센서스에서 만난 많은 미국과 유럽의 퍼블릭 블록체인 프로젝트 참여자들은 블록체인의 확산에 완벽한 확신을 가지고 있었다. 우리는 국내에서 퍼블릭 블록체인을 만들 경우 시장 크기의 한계로 참여자를 모으거나 커뮤니티를 만들기 어렵다고 생각했고, 그래서 프라이빗 블록체인을 통한 엔터프라이즈 사업만을 생각해왔다. 하지만 캐나다에서 만든 퍼블릭 블록체인에 열광하는 유럽인, 중국에서 만든 퍼블릭 블록체인 커뮤니티에 적극적으로 참여하는 미국인들을 만나며, 오히려 퍼블릭 블록체인으로 단숨에 전 세계적 커뮤니티 형성과 참여자를 모을 수 있을 것이라는 확신이 생겼다.

여태껏 우리는 '퍼블릭 블록체인이니까 안 될 거야'라고만 생각했는데, 관점을 반대로 돌려보니 오히려 퍼블릭 블록체인이기 때문에 가능한 일이 무궁무진했다. 퍼블릭 블록체인에 대한 도전을 시작하는 데 우리가 1년 정도 늦었다고 볼 수도 있었지만, 뉴욕 컨센서스에서 충분한 가능성을 발견했고 지금이라도 참여해도 된다는 확신을 가지게 되었다. 이를 계기로 새로운 개념의 퍼블릭 블록체인을 만들고 ICO에 도전하기로 결심했다.

그렇게 해서 시작된 것이 아이콘ICON이라는 국내 최대 규모의 ICO 도전이었다. 우리는 단 4개월 후인 같은 해 9월 아이콘의 ICO를 마치고, 12월에는 OKEx, 바이낸스 상장까지 성공적으로 마치는 쾌거를 이루어냈다.

변화의 계절 5월

2017년 5월 뉴욕 컨센서스 이후 ICO 도전에 대한 확고한 확신을 가질 수 있었던 것처럼, 2018년에도 변화의 계절은 5월에 찾아왔던 것 같다.

아이콘의 메인넷을 2018년 1월 론칭했다. 국내에서 성공적으로 메인넷을 론칭한 분산 애플리케이션 플랫폼은 당시 아이콘이 유일했기에 블록체인으로 서비스를 만들려던 여러 업체와 많은 협업이 필요한 시기였다. 이때 나는 아이콘 플랫폼 위에서 분산 애플리케이션 서비스를 만들어나갈 업체들과 기술 협력 부문 총괄을 담당하고 있었다. 아이콘은 백서에 따라 기능들을 개발해나가고 있었다. 내 역할은 백서에 따라 현재 개발되어 있는 기능과 외부 연동 서비스들 사이의 기술적인 마일스톤을 맞추고, 블록체인 서비스 개발 시 어떤 형태로 블록체인 플랫폼을 적용해야 하는지에 대해 각 서비스별로 조언을 하는 것이었다. 하루에도 1시간마다 계속 회의를 하며 많은 서비스 담당자 및 대표와 만나야 했다. 육체적으로 쉴 틈이 전혀 없는 피곤한 하루하루였지만, 각 서비스 대표들이 아이디어를 실행해나가는 과정을 함께하며 너무 즐겁게 일할 수 있었다.

2018년 3월 즈음 라인과 아이콘 사이의 협업 이야기가 처음 시작되었다. 당시 라인은 빠르게 블록체인 플랫폼을 만들고 싶어 했고, 내부에서의 개발, 외부와의 협업 등 다양한 방법을 고려하고 있었다. 라인은 당시에도 이미 10조 가치의 글로벌 비즈니스를 하는 거대 상장사였고, 아이콘은 이러한 규모의 상장사와 처음으로 조인트 벤처에 대해 이야기하는 상황이었다. 하지만 라인과 아이콘 모두 블록체인 플랫폼을 함께 만들고 발전시키려는 의지는 동일했다. 여러 대화 끝에 라인과 아이콘은 함께 조인트 벤처 설립을 통해 긴밀한 협업을 시작하기로 했고, 이렇게 나와 라인과의 인연도 시작되었다.

이전에 스타트업을 하면서 공동 창업자로 책상이나 의자도 직접 골라 사

무실도 꾸며보고, 폐업도 해보고, M&A를 통해 회사를 넘겨보기도 하고, 아이콘 코인을 수십 곳의 거래소에 상장시키는 등 여러 가지 일을 해봤다. 하지만 두 회사가 조인트 벤처를 세우는 일은 나에게도 처음이었고, 두 회사의 이해관계를 맞춘다는 건 참 복잡하고 어려운 일이었다. 대한민국 블록체인을 발전시키겠다는 대의를 향한 서로의 확고한 의지가 없었다면 이루어지기 어려운 협업이었을 것이다. 이렇게 짧고 굵은 2개월간의 협업을 통해 2018년 5월 뉴욕 컨센서스 즈음 라인과 아이콘과의 협업이 발표되었다.

언체인, 라인 블록체인 개발 총괄로

그렇게 2018년 5월 15일 라인과 아이콘이 설립한 조인트 벤처 회사가 언체인unchain이다. 라인의 자회사 중 블록체인 관련 사업을 담당하던 언블락unblock이라는 회사가 이미 있었기에, 블록체인 관련 기술을 담당할 회사로서 unchain이라 이름을 짓게 되었다(두 이름을 합하면 blockchain이 들어 있다). 이렇게 최고의 개발자들이 모여 만든 회사인 언체인에서 라인의 블록체인 플랫폼인 링크체인LINK Chain 개발을 시작하게 되었다.

언체인의 목표는 2018년 8월 말 링크체인 메인넷 오픈과 이 메인넷을 이용하는 서비스 오픈이었다. 아이콘이 가진 기존의 블록체인 메인넷 기술을 기반으로 하여 라인의 인프라에 새로운 블록체인 플랫폼을 구축하고, 블록체인에 쉽게 서비스를 만들 수 있도록 링크 프레임워크라는 API 플랫폼을 개발했다. 거기에 더해 다양한 사용자가 링크체인에 올라가는 블록체인 데이터를 확인할 수 있는 블록 등 많은 컴포넌트를 개발해 연결하면서도 서비스들이 안정적으로 사용할 수 있는 플랫폼을 3개월 만에 만들어내야 하는 어려운 미션이었다.

빠른 시간 내에 플랫폼을 만들어내야 하는 데 반해, 팀이 을지로와 분당 서현에 나뉘어 있고, 서로 처음 같이 일하다 보니 새로 호흡을 맞춰가며 진행해야 하는 프로젝트라 아무리 개개인의 능력이 출중하더라도 쉽지 않아 보였다.

프로젝트 초기에는 서로의 의견을 취합하여 정리하고 설득하는 작업이 가장 필요한 시기였기에 하루에도 수차례 서현과 을지로를 오가며 회의를 했는데, 회의 내용을 정리하여 공유하고 프로젝트의 방향과 생각의 '싱크'를 맞추는 일에 가장 많은 시간이 소요되었다. 그 후에는 서로의 R&R을 명확히 하고, 플랫폼을 구성하는 각 프로덕트가 가져야 하는 기능의 범위와 정해진 시간 내에 구현할 더 중요한 기능과 덜 중요한 기능을 구분하는 작업을 했다. 우선순위에 따라 덜 중요하다고 판단된 기능을 구현하지 못해 생길 운영 리스크에 대해서도 다시 끊임없이 정리하고 공유했다. 어떤 때는 치열하게 토론하고 부족한 부분은 서로 도우며 결국 우리는 우리가 목표했던 3개월 만에 프로덕트를 론칭할 수 있었다.

서로 다른 사람들이 처음 만나 팀워크라는 것을 만들 여유도 없이 빠르게 시작되었지만, 프로젝트에 참여한 모두 각자 뛰어난 기술적 능력을 보유하고 있었고, 일을 마무리하고자 하는 목표 의식도 뚜렷했으며, 무엇보다 서로 배려하고 이해하려 노력했기에 가능했다고 생각한다.

이렇게 모두 노력한 끝에, 8월 23일 링크체인의 첫 번째 메인넷인 Alder 체인이 배포되고 'THE BEGINNING: LINE TOKEN ECONOMY'라는 문구와 프로젝트에 참여하고 기여한 수백 명의 이름이 영원히 기록된 제너시스 블록genesis block이 생성되었다. 제너시스 블록은 블록체인의 시작점으로서, 이후 생성되는 모든 블록이 안전하게 기록되게 보장하는 첫 번째 블록을 의미한다. 이 제너시스 블록 하나를 만들기 위해 3개월간 밤낮 가리지 않고 뛰어왔기에, 10분 만에 몇 줄의 명령어만으로 이루어지는 일이었지만

제너시스 블록에 담긴 메시지(https://scan.link.network/0x300/block/0)

지금도 감회가 남다르다. 링크스캔LINK SCAN에서 0번째 블록을 찾아보면 제너시스 블록에 담긴 사람들 이름이 보이는데, 이 이름들을 하나씩 보면 지금도 많은 고마움을 느낀다.

라인의 WOW

라인 블록체인 개발에 합류하기 이전 대부분 시간을 스타트업에서 근무했다. 아주 작은 스타트업을 창업해보기도 했고, 300여 명에 이르는 사람들과 같이 일해보기도 했다. 실험적인 근무 환경 속에서도 일해보았고, 출퇴근 문화에서도 매번 새로운 도전을 해볼 수 있었다. 라인으로 합류할 때는 7천 명 이상의 거대한 조직이다 보니 국내 대기업과 일하면서 느꼈던 딱딱한 기업 문화, 폐쇄적인 업무 환경, 부서 간 경쟁 등을 떠올렸던 것이 사실이다. 하지만 막상 와보니 굉장히 놀랍고 다양한 경험을 하게 되었다.

뛰어난 인재들

지난 17년간 업계에서 나름 좋은 평가를 받았던 스타트업에서 일한 덕분에, 훌륭한 인재들과 함께 일해볼 기회가 많았다. 하지만 라인에 와서 보니 라인 개발 인력의 평균적인 능력은 어느 곳과 비교해도 최고라고 자부할 수 있을 만큼 훌륭했다. 내가 특히 운이 좋았는지는 잘 모르겠지만, 평소 10명 뽑으면 1명 있을까 말까 한 인재라고 생각할 만한 사람들을 여럿 만나볼 수 있었다.

특히 놀라웠던 부분은 라인에서 만난 신입 사원들이다. 공채로 합격한 거의 모든 신입 사원은 온 지 한 달 만에 팀에서 진행하는 애자일 개발 문화와

3부 라인에서 새로운 도약을 꿈꾸는 사람들

회사 시스템에 빠르게 적응하여 자신에게 주어진 역할을 착착 수행해내고 스스로 착실하게 성장해나갔다. 경력으로 입사하는 사람도 보통 여느 스타트업에서 에이스로 일했던 사람이 대부분으로, 협업 문화에 대한 올바른 인식도 갖추고 있었다. 이런 사람들은 팀 합류 후 회사에 빠르게 적응하고 업무적으로도 크게 기여한다. 무림의 고수는 갈대를 들고도 바위를 자를 수 있다고 했던가. 그런 고수들과 함께 정말 즐겁게 일하고 있다.

스타트업 마인드

한국에서 라인의 많은 서비스를 자주 접할 기회가 없었던 나는 LINE 메신저를 제외하고는 라인에 대해 자세히 알지 못했다. 라인에 합류하자마자 놀랐던 점은 글로벌 사업을 위해 전 세계적으로 활동하는 사람들의 규모였다. 7천 명 이상의 인원이 라인의 서비스를 위해 일하고 있었다.

이런 방대한 규모의 인원들이 도전하는 방식에 대해서도 또 한 번 놀라게 되었다. 스타트업은 다양한 리소스를 가지고 있지 않지만, 빠른 의사결정을 기반으로 하나의 방향성으로 빠르게 나아갈 수 있다는 장점을 가지고 있다. 그래서 큰 기업들이 도전하기 전에 보다 빠르고 과감하게 도전할 수 있고, 실패하더라도 실패로부터 배우고 피보팅하여 재도전하고 성공을 향해 나아가는 문화와 마인드가 중요한 경쟁력이자 장점이라고 생각했다. 같이 일했던 대부분의 대기업은 결정도 느리고, 사내 정치나 업무 프로세스를 신경 쓰느라 정작 중요한 것은 놓치고 내부적인 성과 포장에 더 집중하는 경우가 더 많다고 느껴왔었다.

라인도 큰 규모의 조직이었기 때문에, 막연하게 당연히 내가 대기업에서 느꼈던 프로세스, 사내 정치 등이 굉장히 많을 것이라는 편견이 있었다. 하지만 내 생각이 크게 잘못되었다는 걸 오자마자 바로 알게 되었다. 정말 고객이 원하는 것이 무엇인지를 최우선시하고, 데이터를 기반으로 고객의 반응을 확인하며, 빠르게 도전하고 실패하더라도 바로 일어나서 다시 시작할 기회를 충분히 주는 그런 조직이었다.

라인은 NYSE(뉴욕증권거래소)와 TSE(도쿄증권거래소)에 상장되어 있고 글로벌 사업을 진행하고 있어, 여러 나라의 규제를 지키며 사업을 진행해야하므로 각 나라별 컴플라이언스와 법무/재무 검토가 굉장히 중요했다. 블록체인의 경우 기술적인 부분과 별개로 암호화폐에 대한 여러 나라의 부정적 인식 때문에 서비스 기획/사업/개발 모든 분야의 사람들이 많은 고생을하고 있었다. 처음에 기획했던 내용 중 많은 부분이 컴플라이언스나 법무적이슈로 수정될 수밖에 없었고, 그로 인해 일정이 지연되고 예상보다 더 많은 리소스가 투입되어야 하는 경우도 있었다. 하지만 이러한 상황에서도, 이미 론칭한 서비스에 대해서는 충분히 지지해주고 바른 방향으로 만들어갈 수 있게 구성원의 발전을 적극 지원해주었다. 또한 서비스 론칭 후에도 다양한 사용자 반응과 데이터 피드백을 기반으로 하여 빠르게 서비스 기능을 결정하고 피보팅하여 발전시켜나갔다.

글로벌 컴퍼니

라인의 주요 오피스는 한국, 일본, 대만, 태국, 인도네시아, 베트남 등지에 있고 이러한 많은 나라의 사업/개발/기획 담당자들과 함께 소통하며 프로젝트를 협업하여 진행한다. 따라서 나도 매달 1~2회 각 나라로 출장을가서 현지 동료들과 협업하고 있다. 내가 맡고 있는 프로젝트 중에는 일본과 한국에서 나누어 개발하고, QA는 일본, 중국에서 나누어 진행하는 것도 있다. 그만큼 글로벌하다. 우리는 매주 화상회의를 통해 협의하고 프로젝트를 완성해나간다.

블록체인 플랫폼을 기반으로 한 서비스 역시 한국, 일본, 대만, 싱가포르 등 다양한 나라에서 만들고 있으며, 이를 위해 각국의 다양한 규제와 씨름을 하기도 한다. 하지만 언제든 글로벌 서비스를 만들고 추진할 수 있고, 글로벌하게 협업하며 서비스를 만드는 값진 경험을 얻을 수 있다.

링크체인과 나의 미래

구글의 CEO였던 에릭 슈미트가 셰릴 샌드버그(현 페이스북 COO)에게 한 조언이 있다.

"로켓에 올라타세요. 회사가 빠르게 성장할 때에는 많은 충격이 있고 커리어는 알아서 성장하게 되어 있습니다. 그런데 회사가 빠르게 성장하지 못하고 회사의 미션이 별로 얘기가 안 될 때에는 정체와 사내 정치가 시작됩니다. 로켓에 자리가 나면 그 자리가 어디 위치했는지 따지지 마세요. 우선 올라타세요."

라인이 메신저 플랫폼에만 머물러 있었다면 로켓이 아닐 수도 있다고 생각한다. 안에 들어와서 보았을 때, 모든 경영진이 현실에 안주하지 않고 도전 정신을 가지고 새로운 시장을 개척해나가고 있는 라인은 분명히 로켓이라고 생각한다. 이 로켓이 달까지 갈지 태양계 밖을 벗어나 먼 우주로 나갈지는 모르지만 나는 라인이라는 로켓에 무조건 올라탔고 가장 멀리까지 날아가기 위해 열심히 도전하고 달려가고 있다.

라인은 메신저를 기반으로 하여 플랫폼을 구축했고, 이를 통해 다양한 사업을 수행하고 있으며, 또 한 번의 큰 도약을 위해 링크체인 V2라는 새로운 분산 애플리케이션 플랫폼을 준비하고 있다.

현재 블록체인 기술은 아직은 어느 정도 한계를 가지고 있다. 많은 요청을 동시에 소화할 만큼 성능이 뛰어나야 하고, 탈중앙화해야 하며, 안전성도 지켜야 한다는 트릴레마 문제는 빠르게 해결하기 어려운 난제이다. 따라서 모든 서비스가 블록체인을 통해서만 구현되는 등 매스 어답션mass adoption이 근시일 내 이루어지기는 어렵다고 생각한다. 하지만 블록체인이 가진 불가역성, 투명성, 탈중앙화라는 명확한 특성 때문에 가치의 저장, 교환, 소유와 밀접하게 연관된 사업 분야의 경우 블록체인 기술로 빠르게 완전 대체되리라 생각한다.

링크체인은 블록체인의 특징을 유지하며 가치의 저장, 교환, 소유에 대한 매스 어답션을 어떻게 하면 더 쉽고 빠르게 할 수 있는지에 대해 집중한 플랫폼으로 개발되고 있다. 링크체인은 2018년에 시험 발사를 성공리에 마치고, 2019년에는 본격적으로 넓은 우주를 향해 날아갈 준비를 하고 있다. 멀리 그리고 끝까지 날아가기 위하여 V2라는 새로운 엔진을 개발하고, 오픈 API나 개발자 콘솔 등 가볍고 쉽게 조작할 수 있는 항해 시스템도 만들고 있다. 여기에 링크미LINK ME 나 링크스캔 같은 고객을 안전하고 편안하게 모실 객실도 준비하고 있다.

정말 멋진 사람들과 함께 링크체인이라는 멋진 로켓으로 블록체인이라는 새로운 우주를 탐험하려 한다. 그 여정을 많은 사람과 함께하고 싶다. 이 글의 마지막은 가슴에 깊이 와닿았던 〈스타 트렉〉 대사로 갈무리한다. 제임스 커크 함장이 찰리 에번스에게 하는 대사다.

"찰리, 이 우주에는 자네가 소유할 수 있는 것이 수없이 많지만 소유할 수

없는 것도 수없이 많아. 이러한 현실을 직면하는 게 장난이 아니지만, 그게
세상 돌아가는 이치야."

"그럼 어떻게 해야 하죠?"

"정신 바짝 차려. 그리고 살아남는 거야. 다들 그렇게 하거든."

라인 개발자가 된
세계적 화이트 해커의 이야기

이승진

동물을 좋아하고 음주를 즐기는 보안 엔지니어. 2000년부터 업계에서 일했고 방어보다는 공격이 체질에 맞는 것 같다. 투자 성향도 하이 리스크, 하이 리턴. 만화, 소설, 컴퓨터가 취미다. 언젠가 마당이 있는 넓은 집에서 강아지 세 마리를 키우며 행복한 여생을 보내고 싶다고 한다.

게임에 빠진 아이,
해킹의 묘미를 접하다

1995년에 개봉한 〈해커즈〉라는 영화가 있다. 재능 있는 천재 해커가 미국 월 스트리트의 서버들을 마비시켜 7년간 컴퓨터 접근 금지라는 판결을 받게 된다. 실화를 바탕으로 만들어진 영화이다. 강원도 속초에 살았던 나는 초등학교 6학년 때 즈음 동네 비디오 가게에서 우연히 이 영화를 빌리게 됐고 잘은 모르겠지만 뭔가 멋지다고 느꼈다. 당시엔 내 컴퓨터도 없었고 컴퓨터에 대해 공부한 적도 없어서 해커가 무엇인지, 이것이 픽션인지 현실인지조차 알 수 없었다. 하지만 다른 사람은 할 수 없는 일을 해내는 사람들에게서 무언가 매력을 찾았던 것 같다. 그렇게 나는 막연히 '해커'가 되고 싶다는 꿈을 꾸게 됐다.

하지만 부모님은 컴퓨터를 사주면 공부는 안 하고 게임만 하게 될 것이라며 컴퓨터를 사주지 않으셨다. 그러다 나에게도 기회가 찾아왔다. 동네에서 PC방을 운영하던 사장님이 장사를 그만둔다며 PC들을 중고로 처분했다.

컴퓨터를 사주면 어떻게든 공부를 하겠다는, 지켜지지 않을 계획을 세우고 부모님을 설득한 끝에 드디어 컴퓨터를 얻을 수 있었다. 중학교 3학년 겨울로, 당시 그 컴퓨터의 CPU는 MMX 200이었다.

부모님의 예측은 틀리지 않았고 나는 또래 친구들과 마찬가지로 게임에 빠지게 됐다. 특히 〈충무공전〉이라는 게임을 굉장히 재미있게 했다. 하지만 혼자 하는 게임은 금방 지루해졌고 친구들은 이미 하이텔, 천리안, 나우누리 등 PC통신을 익숙하게 이용하고 있었다. 문제는 PC통신에 드는 전화요금이었다. 요즘의 인터넷과 달리 사용한 시간만큼 과금되는 시스템이었는데, 조금만 많이 해도 한 달에 수십만 원이 청구됐다.

요금이 최고치를 달렸던 것은 〈라우레시아〉라는 MUD^{multi user dungeon}게임에 빠졌던 1999년 때부터다. MUD 게임은 그래픽 없이 글자로만 이루어진 온라인 RPG 게임이다. 예를 들어 고블린이라는 적을 공격하고 싶다면 '고블린 공격'이라고 타이핑을 하는 식으로 게임을 플레이한다. 문제는 전화

요금과 별도로 게임 요금이 1분에 20원씩 청구된다는 것이었다. 안 그래도 전화 요금 때문에 골치가 아픈데 게임 요금까지 추가로 걱정해야 하니 매일 이 피가 마르는 상황이었다.

이때만 해도 나는 게임 내에서 탑 랭커였고 대회에서도 여러 차례 우승했을 정도로 헤비 유저였기 때문에 게임을 줄이거나 그만두는 것은 상상할 수도 없었다. 요금 문제를 어떻게든 해결하려고 고민하던 중, 당시 우리 학교에 교사용으로 나우누리 계정이 있다는 사실을 알게 됐다. ID는 알았지만 패스워드는 선생님들만 알고 있었다. 패스워드를 맞히기 위해 여러 가지를 무작위로 시도하다가, 학교 전화번호가 패스워드인 것을 알아냈을 때의 기쁨이란! 그 기쁨은 지금도 잊히지 않는다.

나쁜 행동이었고 범죄라는 것도 어느 정도 인식을 했었지만 게임에 대한 욕구를 막을 수는 없었다. 그렇게 학교 계정으로 MUD 게임을 신나게 즐기다 어느 날 적발돼 선생님들한테 혼났다. 이쯤이면 멈췄어야 했는데, 이번엔 다른 중학교의 계정도 패스워드가 전화번호인 것을 알아내서 또 불법 도용으로 게임을 즐겼다. 아마 PC통신 업체에서 일괄적으로 학교들에 계정을 만들어주고 패스워드 기본값을 학교 전화번호로 설정해둔 것 같았다.

전국에는 수많은 학교가 있었기 때문에 MUD 게임 요금은 더 이상 문제가 되지 않았다. 생각해보면 이때 살짝 '해킹'이란 매력에 빠진 것 같다(정확히는 '크래킹'이라 표현해야 하지만 편의를 위해 '해킹'으로 쓰겠다). 이때부터 해킹에 대해서 공부를 해보기로 결정했지만 당시엔 영어도 몰랐고 컴퓨터 언어에 대해서도 전혀 지식이 없어 막연하기만 했다. 그러다 한국어로 된 문서들을 읽어보니 뭔가 TCP/IP라는 것이 있고, IP 주소와 포트가 존재한다는 것을 알게 됐다.

3부 라인에서 새로운 도약을 꿈꾸는 사람들

나우누리에서 게임에 접속할 때 'Connecting to 123.123.123.123…' 같은 메시지가 아주 잠깐 보였다는 것이 기억이 났고, 이것이 IP 주소라는 것을 이해하게 됐다. 그래서 '텔넷telnet이라는 게 있던데 이걸로 해당 주소에 직접 접근하면 나우누리를 안 거쳐도 되지 않을까?'라는 추측을 하게 됐다. 문제는 포트 번호가 맞아야 접속이 가능한데 나는 포트 번호를 모른다는 것이었다. 하지만 학생은 시간이 많기 때문에 0부터 65535까지 시도를 하다 보면 언젠가는 될 것이라 생각하며 주말에 작업을 시작했다.

0, 1, 2, 3… 1000, 1001… 하나씩 일일이 손으로 대입해보며 시도를 했고, 운이 좋게도 4444에서 뭔가 익숙한 화면이 보였다. 정상적으로 게임에 접속했을 때의 메시지가 나오는 것을 봤을 땐, 잠깐이지만 이 세상의 시간이 멈춘 것만 같았다. 인생에서 희열이라는 것을 이때 처음 느껴봤던 것 같다. 학교 계정의 패스워드를 알아낸 것과는 비교할 수가 없었다. 여전히 기술과는 거리가 멀지만 이것을 나의 첫 '해킹'이라고 할 수 있을 것 같다.

여기서 반전이 있다. 나는 실제 이 방법을 악용하지 않았다. 방법을 알아낸 뒤 잠깐 환희의 순간은 있었지만 의외로 이런 생각이 들었다. '해킹이란 것은 정말 멋진 거구나. 이런 가짜 해킹 말고 나도 영화에 나왔던 사람들처럼 진짜 해킹을 해보자!' 나는 게임 개발자에게 이 문제점을 알려줘서 조치를 할 수 있게 했다. 게임 개발자는 전문가였기 때문에 문제점을 한 번에 이해했고, 내게 감사의 표시를 했다.

닉네임을 업계에 알리다

이때부터 게임과는 거리를 두었고 시간이 생길 때마다 『Teach Yourself

C』같은 책을 읽으며 프로그래밍을 학습했다. 동시에 한국어로 된 컴퓨터 문서들을 섭렵하며 운영체제나 네트워크에 관한 지식도 쌓았다. 고등학교에 진학할 때는 친구들이 다른 도시에 있는 컴퓨터 특성화 고등학교로 간다고 하길래, 나도 관심이 있어 같이 진학했다. 진로가 크게 신경 쓰이지는 않았고, 그저 컴퓨터를 많이 할 수 있겠다는 생각에 끌렸다.

컴퓨터 분야의 장점이라면, 본인이 했던 연구나 성과를 공유함으로써 다른 사람들에게 나 자신을 쉽게 알릴 수 있다는 것이다. 내가 고등학교 1학년이었던 2000년 당시엔 한창 해킹 문서들이 PC통신의 해킹 동아리와 인터넷에 공유되고 있었다. 해커들은 본인의 지식을 자랑하고 싶어 하는 경향이 컸지만, 당시 한국 해커들의 실력을 지금 냉정히 평가해보면 세계 수준과는 많은 격차가 있었다. 그래서인지 내가 스스로 연구해서 공유한 문서들이 커뮤니티에서 인정을 받기 시작했고 내 닉네임인 beist도 인지도를 쌓아가기 시작했다. 다른 인문계 고등학교처럼 공부를 열심히 해야 하는 환경은 아니었기 때문에 많은 문서를 작성할 수 있었다.

고1 여름방학 때 '사이버리서치'라는 회사에서 인턴으로 일해보라는 제의를 받았다. 이름만 들어서는 대국민 여론조사를 할 것 같은 회사였는데, 의외로 서울 청담동에 위치한 소위 잘나가는 보안 회사였다. 높은 빌딩이 많은 서울에서 일할 수 있다는 게, 특히 '모의해킹'을 담당하게 된다는 게 어린 내겐 매우 흥미 있는 제안이었다. 쉽게 말해 고객사의 네트워크/서버에서 취약점을 찾고, 어떻게 고칠 수 있는지 가이드를 주는 일이었다. 기숙사도 제공되고, 좋아하는 일을 급여를 받으면서 할 수 있다는 점이 가장 큰 매력이었다. 학교에서도 산학협동이라는 취지로 나를 배려해줬고, 이렇게 내 첫 직장 생활이 시작됐다.

고1의 나이에 회사 생활을 하는 것은 긴장되는 일이었다. 다행히 나를 제외하고는 팀의 거의 모든 구성원이 20대로 젊었다. 다행히 인턴이기도 하고 나이가 어리기 때문인지 입사하자마자 큰 일을 주지는 않았다. 나는 당시 진입 장벽이 낮았던 웹 해킹에 관심이 많았다. PHP, 자바 등을 독학했고, 한번 프로그래밍을 익히면 그다음은 쉬웠다. 알고 있는 지식을 '해킹적' 사고로 전환하면 되기 때문이다.

운이 좋게도 당시 회사에서 고객에게 제공했던 모의해킹 서비스는 웹 해킹 분야가 대부분이었다. 지금은 많은 회사가 보안에 투자하여 해킹이 점점 어려워지고 있지만 당시에는 유명 포털 사이트도 크게 어렵지 않게 해킹할 수 있는 상황이었다. 당연히 나는 물 만난 물고기처럼 순식간에 팀의 에이스가 됐다(이때는 인터넷에서 떠도는 악성 PHP 파일을 웹 게시판에 올려 웹 서버를 장악하는 등 프로그래밍 언어를 몰라도 해킹이 가능한 경우도 꽤 있었다). 물론 여전히 기술적으로는 불안한 마음이 있었다. 특히 웹 해킹 분야가 아니면 지레 겁을 먹는 경향이 있었다.

그해 말, 고등학생/대학생을 대상으로 하는 해킹 대회가 열렸다. 내 닉네임은 이미 인터넷에서 어느 정도 알려졌고 어린 나이에 서울의 보안 회사에서 급여를 받으며 일을 하고 있었기 때문에, 대회에 참가하는 게 마음 한편으로 두렵기도 했다. 하지만 학생 신분에는 적지 않은 금액이 상금으로 걸려 있었고 대회 입상을 통해 더욱 이름을 알리고 싶기도 했다. 해킹 대회에는 웹 해킹 문제만 나오는 것이 아니라 메모리 변조memory corruption 같은 시스템 해킹 문제도 거의 반드시 출제된다는 것도 문제였는데, 대회 직전 거의 일주일을 혼자서 많은 시행착오를 겪으며 경험을 쌓았다.

대회는 어떤 대학교에서 오프라인으로 진행됐다. 시간상 많은 문제가 출제되진 않았고, 가장 많이 풀면 우승자가 되는 것이었다. 안타깝게도 열심히 준비했던 시스템 해킹 분야의 문제는 하나도 나오지 않았다. 웹 해킹을 비롯하여 다양한 문제가 출제됐는데, 정말 운이 좋게도 이 처음 출전한 대회에서 우승을 했다. 공부했던 문제가 나오진 않았지만 덕분에 시스템 해킹에 대한 두려움도 사라졌다. 지금과 비교하면 대회 수준이 높지는 않았을 것이다. 하지만 대회 우승이라는 경험으로 자신감을 갖게 됐고, 이후에 열린 대회에서도 운영진의 실수가 있었던 경우를 제외하고는 모두 우승을 했다.

국방부에서의 보안 연구

그렇게 잘 다니던 회사였지만 1년 후 이런저런 사정으로 회사가 힘들어져 정리를 하려는 분위기가 됐다. 말단 연구원이었기 때문에 자세한 이유는 알 수 없었다. 그러던 중 어떤 업체에서 나에게 꽤 파격적인 이직 제안을 주었다는 소식을 당시 회사 대표인 '한 박사님'이 알게 되었다. 나중에 알았지만 한 박사님은 국가적인 사업을 하시는 분이었고 내가 국가에 기여할 수 있도록 차후 여러 계획을 준비 중이었기 때문에 나의 이직을 말렸다. 나는 한 박사님에게 감사한 마음이 있어 이직 제안을 받아들이지 않았고, 한 박사님이 연구비 명목으로 지급해주신 급여로 계속 연구를 할 수 있었다. 전처럼 고객을 위해 모의해킹을 업무로 할 필요는 없었기 때문에 개인적인 연구를 많이 했다. 이때가 내 인생에서 컴퓨터 공부를 가장 많이 한 때였다.

연구할 시간이 많이 생기니 그동안 공부했던 웹 해킹도 좀 더 체계적으로 정리를 하고 싶어서 『웹 해킹의 진수』라는 책을 자가출판으로 만들어 개인

사이트에서 팔기도 했다. 시스템 해킹도 더 깊게 공부하여 보안 시스템을 무력화하는 해킹 기법을 공유했고 이런 문서들은 한국 외 해커들에게도 많이 알려지게 됐다. 간혹 연구 과제 등을 받아 일하는 시간을 제외하고는 컴퓨터에 전념할 수 있었던, 다시 오기 어려운 행복한 시간을 보냈다.

이후 사이버보안 특기자 전형으로 세종대학교에 입학했다. 대학교 생활은 간단히 컴퓨터와 술, 두 단어로 표현하면 충분할 것 같다. 2006년 병역을 이행해야 하는 나이가 되었을 때, 한 박사님으로부터 컴퓨터 연구만 할 수 있는 국방부 부사관 포지션이 있다는 소식을 전달받았다. 나로서는 컴퓨터를 지속적으로 할 수 있는 곳이라면 어디든 상관없었기 때문에 지원했고 여러 절차를 거쳐서 하사관이 됐다. 군대에서 한 업무를 구체적으로 밝히기는 어렵지만 계속해서 해킹 기술을 연구했다. 부사관 제대를 한 이후에도 원한다면 군무원 신분으로 계속 근무할 수 있었지만 개인적으로 사기업이 성향에 더 맞는다고 판단하여 복무 기간을 채운 후 바로 제대를 했다.

뉴욕의 해커 친구와
밤낮으로 해킹을 즐기다

2010년 6월경, 국방부를 나와 짧은 휴식을 갖게 됐다. 2000년부터 일을 했으니 10년 만의 자유 시간을 갖기로 결정한 것이다. 여러 가지 하고 싶은 일이 많았지만, 미국 뉴욕에 살고 있는 해커 친구 adc에게 놀러 가기로 했다. 나보다 네 살이 어리지만 내가 아는 해커 중 매우 뛰어난 실력을 가진 사람 중 하나다.

특히 이 친구를 통해 나는 geek이란 게 어떤 건지 알게 된 것 같다. 주변 사람들도 나보고 컴퓨터에 빠진 오타쿠라고 많이 얘기했지만 나는 그저 다른 사람에 비해 컴퓨터를 조금 더 많이 하는 정상인이었고, geek은 이 친구에게나 어울리는 표현이었다. 정말 어디서든, 틈만 나면 어떤 불편한 자세에서도 컴퓨터에 빠졌고 집중력이 대단해서 뭔가를 이해하는 능력과 기술적 통찰이 뛰어났다.

이 친구와 함께 많은 경험을 해보기로 했다. 우선 우리 둘 다, 버그 바운티 프로그램에 관심이 있었다. 버그 바운티란 소프트웨어의 보안 취약점을 발견해 벤더에게 리포트를 하면 그에 대한 상금을 받는 것을 말한다. 버그 바운티 프로그램의 성격에 따라 다르지만 적게는 몇백 달러부터 많게는 수십만 달러의 상금이 걸려 있다. 일을 오래 했기 때문에 금전적으로 어려운 상태는 아니었지만 바운티의 매력에 빠져 밤마다 해킹을 했다. 운이 좋으면 하루 만에 버그를 발견하는 경우도 있었고, 어느 날은 30분 만에 5천 달러를 받을 수 있는 버그를 발견하기도 했다.

또 매년 라스베이거스에서 열리는, 전 세계에서 가장 유명한 해커들의 축제이자 콘퍼런스인 DEFCON의 해킹 대회에도 2010년부터 참가했다(수천 개의 팀 중에 8팀만 본선에 갈 수 있었는데, 우리 팀은 예선에서는 종종 1, 2위를 다퉜지만 본선에서는 성과가 안 좋았다). 리버스 엔지니어링으로 유명한 RECON 콘퍼런스에 참관하기 위해 캐나다 몬트리올에 가기도 했다. 리버싱은 나처럼 바이너리 익스플로잇binary exploitation을 하는 버그 헌터들에게는 꼭 필요한 기술이다. 집중해서 발표 내용을 들을 기대에 차 있던 상태였는데 오전 세션 후 adc가 기쁜 표정으로 오더니, 재미난 대회가 열리고 있다고 했다. 주최측이 발견한 어도비 플래시(당시에는 많이 쓰였다) 프로그램의 크래시에 대해 익스플로잇 가능 여부를 증명하면 건당 2천 달러씩 상금을 주는 구조였다. 최종적으로 우리 팀은 내가 2개, adc가 1개, 다른 멤버가 2개를 찾아 대회에서 우승을 했다. 상금보다 의미 있던 것은 2등 팀은 세계적으로 유명한 해커들이 연합한 팀이었다는 것이다. 지명도 면에서 그들은 월드 클래스였기 때문에 우리는 자축을 하며 대회를 마무리 지었다.

adc는 학업 때문에 학교로 돌아갔고 나는 뉴욕에서 당분간 혼자 살았다. 조금 더 오래 머물 수도 있었지만 한국 음식이 그리워서 2010년 11월경에 귀국했다. 돌아와서는 복학을 준비했고, 또 뉴욕에서 흥청망청 쓰느라 줄어든 은행 잔고를 채우기 위해 여러 가지 일감을 찾기로 했다.

보안 전문 회사를 창업하다

보안 산업 분야는 지금도 그렇지만 예전부터 일감이 많았다. 능력만 되면 프리랜서로 살기에 괜찮은 직업이다. 나 같은 경우는 모의해킹이나 리서치 업무에 대한 일감을 찾기 어렵지 않아 경제적으로는 문제가 없었다. 문제는 삶의 질이 급격히 떨어진다는 것이다. 프리랜서는 자기가 원하는 일만, 그것도 원하는 시기에만 일을 하는 것이 어렵다. 삶의 질을 택하기 위해 쉬고 싶을 때 들어온 프로젝트를 거절하면, 나를 찾는 사람이 줄어들 수도 있기 때문이다.

그래서 동시에 3~4개의 프로젝트를 동시에 하는 경우가 다반사였는데 이게 육체적으로 힘들었다. 또 혼자서 프로젝트를 한다는 것은 정신적으로도 외로운 업무이기도 했다. 무엇보다 가장 큰 문제는, 개인 프리랜서로는 규모가 큰 사업을 계약하기가 어렵다는 것이었다. 그래서 같이 일할 사람들을 모으기 시작했다. 전부터 알고 지낸 엔지니어들을 설득했고 초기 멤버로

mongii, chpie를 섭외했다. 법인 설립이 목표가 아니었으므로 개인사업자로 등록해 여러 사업을 진행하게 됐다. 그러다 법인이 아니면 입찰할 수 없는 사업들이 생겨났고, 결국 2014년에 GrayHash라는 법인을 만들었다.

업계에서 많은 경력을 쌓은 멤버들이 모여서 창업을 했지만, 여전히 작은 스타트업이었다. 스타트업은 누구에게나 어렵지만, 특히 엔지니어 성향이 강한 사람들이 모여서 하기엔 매우 어려운 도전이다. 어려운 점은 수백 가지가 있었지만 이 회사를 경영하며 느낀 문제점 세 가지만 이야기하자면, 첫째는 직원들의 전문 영역인 기술 능력을 다른 영역에까지 기대하게 된다는 점이다. 당시만 해도 나는 어떤 한 분야를 잘하는 사람이라면, 다른 분야도 잘할 수 있을 거라 생각했는데 그것은 잘못된 판단이었다. 컴퓨터를 잘 안다는 것은 컴퓨터를 잘 안다는 것이지, 컴퓨터 외의 영역까지 잘하길 기대하는 것은 잘못된 생각이었다.

둘째, 최첨단을 지향하는 해커들이 모여 있다 보니, 엔지니어로서 하고 싶은 연구와 돈을 벌 수 있는 연구와 괴리가 있다는 점이었다. 이것은 업계에서 실력 있는 사람일수록 빠져들기 쉬운 함정이다. 하고 싶은 것과 비즈니스를 위해 해야 할 것은 분명히 다르기 때문이다. 대표였던 나 스스로도 재미없는 연구를 할 때면 자괴감이 들었는데, 컴퓨터에 대한 열망이 높을 때는 자존감이 내려가는 느낌도 많이 받았다.

셋째, 너무 geek한 엔지니어들만 모이면 스타트업 생태계를 꾸리기가 어렵다. 일반적으로 스타트업이라 하면 기술도 중요하지만 사업을 추진할 여러 능력도 필요하다. 불행하게도 기술적인 것에 집착할수록 이런 비즈니스 능력을 경시하는 경향이 있다. 우리도 세계 유수의 벤처 캐피털에서 여러 차례 투자를 하겠다고 찾아왔으나 모두 돌려보냈다. 법인의 자금 사정에도 문제가 없었고 투자를 받아서 얻는 장점이나, 그 외 효과에 대해서 이해하지 못했었다.

그럼에도 GrayHash 시절은 전반적으로 긍정적인 기억으로 남아 있다. 가끔은 우리가 연구하고 싶은 주제와 일치하는 것들이 사업으로 들어왔는데, 밤을 새우며 어려운 문제들을 해결했던 것은 정말 좋은 추억이다. 엔지니어라면 어려운 과제에 도전하는 것을 좋아하는 경향이 있는데 이를 일로할 수 있다는 것은 행복이라 생각한다. mongii, chpie를 비롯해 GrayHash에 합류했던 redd0g, ramses, jz, hanos는 현재 라인에서도 같이 일을 하고 있다.

세계 속으로, 글로벌 활동

우리는 투자를 받으며 성장하는 전형적인 스타트업이 아니었기 때문에 회사를 홍보할 수 있는 다양한 방법이 필요했다. 우리 회사의 멤버들이 갖고 있는 업계에서의 인지도를 활용하는 것이 최선의 방법이라 생각하고 기회가 있을 때마다 여러 활동을 했다.

기술 업계에서 효과적인 홍보 방법 중 하나는 권위 있는 학회의 심사위원을 하거나 유명 회사의 자문위원을 하는 것이다. 2015년, 내게도 세계적 규모의 해커 콘퍼런스인 Black Hat 콘퍼런스의 심사위원을 맡게 될 기회가왔다. 이 행사는 매년 미국 라스베이거스에서 열리고, 등록비가 몇백만 원에 달하지만 참가자가 만 명 이상이다. 매년 투고 논문만 수천 편에 달할 정도로 많은 발표자가 지원하며 발표에 성공하면 해커들로부터 나름 인정을받을 수 있다.

— 2013년 Black Hat 콘퍼런스에서 발표하는 모습

    Black Hat 콘퍼런스의 심사위원이 된 계기는 과거 뉴욕에 머물던 인연으로 돌아간다. 뉴욕에서 머물 때 같이 협업했던 사람이 나를 심사위원으로 추천을 해줬다. Smart TV hacking이란 주제로 Black Hat에서 발표한 경험이 있었던 것도 심사위원이 된 데 한몫했을 것이다.

    인지도가 매우 높은 콘퍼런스였기 때문에 심사위원이 됐다는 것 자체가 국내에서는 이슈가 됐다. 국내에서는 내가 최초였다. 이듬해에는 일본에서 가장 큰 콘퍼런스인 CODE BLUE에서, 그 이듬해에는 두바이에서 열리는 OPCDE에서도 심사위원을 맡게 됐다.

    GrayHash 사업은 팀원들의 역량과 외부 활동을 통해서 얻은 인지도를 통해 순탄하게 나아가고 있었다. 국내에서뿐만 아니라 세계적으로도 어느 정도 인지도가 생겼다. 우리나라 대기업이나 기관뿐만 아니라 일본, 유럽 등에서도 사업 의뢰가 늘어났다. 1년에 100건 가까운 보안 컨설팅 의뢰를 받았고 많은 고객이 우리와 계약을 체결하기만을 기다리고 있었다.

라인에 인수되다

그렇게 GrayHash를 운영하다 라인에서 연락이 왔다. 라인은 이미 우리가 세 차례 보안 컨설팅을 한 적이 있었다. 라인 같은 대기업이라면 이미 잘 갖추어진 보안팀이 있지만, 그래도 외부 회사로부터 보안 컨설팅을 받는 것이 다반사이다. 라인뿐만 아니라 구글, 애플, 마이크로소프트 등 세계적인 회사도 마찬가지다. 내부 팀 인력의 리소스가 충분하지 않을 수도 있지만, 충분하다고 하더라도 제3의 관점에서 바라보면 새로운 결과가 나올 수 있기 때문이다.

네 번째 사업을 추진하기 위해 라인 사람들과 미팅을 했다. 미팅을 하면서 이번 사업의 모의해킹 대상, 기간, 그리고 흔히 말하는 '맨먼스' 등에 대해 협의했다. 그러다가 회의가 끝날 때쯤, 라인 보안 센터의 임만기 님이 "GrayHash는 투자받을 생각이 없나요? 라인에서도 요즘 투자에 관심이 많습니다"라고 말했다. 투자는 GrayHash의 특성상 관심 있는 제안이 아니었지만, 라인은 다른 곳보다 좋은 고객이었기 때문에 우리도 긍정적인 생각을 갖고 이야기를 계속 이어나가게 됐다.

라인에 여러 차례 컨설팅을 제공하면서, 우리는 라인에 좋은 인식을 갖고 있었는데 그 이유는 다음 세 가지 정도였다. 첫째, 내가 경험했던 큰 조직인 국방부와 비교했을 때 라인은 정말 유연한 회사라는 생각이 강했다. 주관적인 생각이지만 사무실 환경도 국방부와는 비교할 수 없이 좋은 인상이었고 시스템도 유연했다. 컨설팅을 하던 어떤 GrayHash 직원은 평생 라인 사무실로 출근하고 싶다고 할 정도였다. 개인적으로 좋았던 점은 모든 직원이 허먼 밀러 의자를 쓰고 있었고, 아침마다 조식이 나온다는 것이었다. 엘리베이터가 많아서 출퇴근 때 기다리는 시간이 짧다는 것도 들 수 있겠다.

둘째로, 보안 컨설팅의 일부는 결국 개발자나 시스템 운영자가 만든 문제점에 대해서 지적하고 개선하는 작업이다 보니 당사자들과 얘기할 기회가 많을 수밖에 없다. 컨설팅에서 라인 개발자들과 이야기하면서 겪은 내용을 복기해보면, 우리보다 똑똑하다는 생각이 많이 들었다. 일례로 블라이헨바허 공격Bleichenbacher attack이라는 기법을 적용해 암호문 해독이 가능하다는 것을 설명하자, 라인 개발자들은 보안 전문가가 아님에도 재빨리 이해하고 패치를 적용했다. 이 기법은 보안 전문가도 쉽게 응용하기에는 어려운 내용이었다.

셋째, (구체적으로 설명할 수는 없지만) 우리가 컨설팅으로 처음 수행했던 라인 사업은 GrayHash에서 진행한 사업 중 매우 어려웠던 과제 중 하나였다. 이때 우리는 최선을 다해 일정 수준 이상으로 증명을 해냈는데, 라인 보안팀의 반응이 일반 고객들의 반응과는 달랐다. 보통은 보안 컨설팅 사업을 맡겼을 때 중요한 취약점이 발견되면 해당 회사의 보안 담당자나 개발자는 반응이 안 좋기 마련이다. 본인들이 담당하는 서비스에서 약점이 나왔을 때, 그것에 대해 인정해야 하는 일이기 때문에 그렇다. 하지만 라인의 경우, 문제점을 인식하고 그에 대응하며 우리의 기여도를 평가할 때 매우 호의적이었다.

미팅이 여러 차례 진행되며 점차 라인이 우리를 단순 투자 대상으로 바라보는 게 아니라 인수할 의향도 있다는 것을 알게 됐다. 나뿐만 아니라, 모두가 좋은 인식을 갖고 있던 상태였기 때문에 인수 얘기가 나왔을 때 우리는 다 같이 모여서 회의를 했고 최종적으로 라인으로 가자고 의견이 모아졌다. 새로운 도전으로 받아들이자는 결론이었다.

라인에서의 초기 6개월

결국 GrayHash의 주요 멤버들이 다 함께 라인에 입사하게 되었다. 라인은 다른 대기업과 달리 유연했기 때문에 빠른 시간 내 적응했던 것 같다. 어려웠던 점이라면 오히려 체계적인 사내 시스템이 생소했다는 것이다. 국방부나 GrayHash에서는 주먹구구로 행정을 처리했지만 라인에는 행정 시스템이 이미 다 갖춰져 있었다. 특히 한 달에 한 번 사용할 수 있는 원격 근무제도, 조식 제공, 야근 및 주말 교통비 등은 매우 신선하게 다가왔다. 심지

— 함께 라인으로 온 GrayHash 멤버들. 왼쪽부터 hanos, redd0g, beist(필자), ramses, mongii, jz, chpie

어 워크숍이란 것도 있었다!

우리 팀은 GrayLab이라는 이름으로 라인에서 재탄생했다. 사실 외부의 시선으로 봤을 때 보안팀의 업무는 명확하다. 회사의 서비스를 안전하게 만드는 것, 그것이 보안팀의 존재 이유이다. 하지만 작은 기업이라면 모르겠지만 규모가 있는 기업에서의 보안팀의 역할은 생각보다 복잡하다. 단순히 하나의 서비스에 대해 코드 리뷰를 하며 안전하게 만드는 것이 전부는 아니다. 성장하고 있는 IT 기업일수록 내부 시스템은 복잡도가 증가하며, 기존의 정책이 맞지 않는 경우가 많아진다. 예를 들어 사내에서만 접근할 수 있는 인트라넷은 안전하다는 인식이 많지만 라인 정도 규모라면 사실상 인트라넷과 인터넷의 구분이 없다고 봐야 한다. 수천 명의 직원이 있고 지능형 지속 공격APT이 난무하는 시대에 모든 직원을 안전하게 보호할 수 있다는 것은 순진한 생각이기 때문이다.

결국 직원 중 누군가는 해킹을 당하더라도 큰 피해를 방지할 수 있는 디펜스 인 뎁스defense in depth가 필요하다. 이를 위해서 우선적으로 인트라 프로그램을 안전하게 만드는 노력이 필요했다. 기존에 쓰이는 인트라 툴들을 안전하게 만드는 것은 여러 의미가 있다. 대표적으로는, 시스템 내부에 들어온 해커가 할 수 있는 일을 제한하게 만든다.

해외 유수의 IT 회사도 마찬가지지만, 모든 외부 서버를 안전하게 만드는 것은 매우 어려운 문제다. 큰 회사에는 많은 엔지니어가 있고, 어떤 개발자들은 취약한 버전의 소프트웨어를 공인 IP를 가진 서버에 설치하여 테스트를 하고 있을 수도 있다. 이런 서버는 외부의 공격으로부터 취약하다. 취약한 서버는 인터넷에 노출될 수 있고, 해커의 공격에 당할 수 있다.

이외에도 우리 팀이 할 일은 많았다. 대내외 서비스를 안전하게 하기 위해 수십 개 서비스에 대한 코드 리뷰도 진행했고, 주요 서비스가 해킹당하더라도 회복할 수 있는 비즈니스로 만들었다. 보안 관련 마케팅을 통한 회사 홍보, 훌륭한 인력을 찾고 채용하는 일 등 다양한 일들을 해야 했다. 라인으로 옮기고 초기 6개월은 실무를 하면서 동시에 앞으로 우리가 회사의 어떤 부분에 기여를 할 수 있을지 이해할 수 있는 시간이었던 것 같다.

내가 생각하는
대기업 보안팀의 역할

어느 정도 규모 이상의 기업에서는 보안팀은 위축되고 의기소침해지기 마련이다. 보안팀은 다른 팀을 괴롭힌다는 인식이 있다. 그럴 수밖에 없는 게, 보안이 염려되거나 취약한 부분을 발견하면 개선해야 하는데 다른 이들의 협조 없이는 해결할 수가 없기 때문이다. 게다가 보안팀은 돈을 벌어오는 부서가 아니기 때문에 뭔가 발언권도 적을 것 같은 인상이고, 사고가 안나면 잘하는 것이라고 하지만 사고가 나지 않는다고 칭찬해주는 문화도 아니다.

전반적으로는 공감이 가지만, 내 생각은 조금 다르다. 작은 기업의 경우 보안 부서의 역할은 굉장히 한정적이다. 하지만 대기업에서의 보안팀은 단순히 뭔가를 안전하게 만드는 것에서 그치지 않고 기업 내의 비즈니스에 직간접적 영향을 줄 수 있는 부분이 많다. 예를 들어 핀테크 사업의 경우 국가적으로도 중요한 영역이기 때문에 각 나라에서 사업을 진행하기 위해서는 정부 규제를 준수해야 하고 라이선스도 적법하게 취득해야 한다.

물론 견고한 기술을 준비하는 것이 핵심이지만, 적절한 보안 분야 브랜딩을 통해 기업의 이미지를 제고하는 것도 필요하다. 해외 유명 대기업들도 다양한 방식으로 그런 마케팅을 하고 있는데, 구글의 경우 자사 보안이 아니라 외부 소프트웨어의 보안 취약점을 연구하는 풀타임 팀을 운용할 정도이다. 연구 성과를 외부에 발표함으로써 대중들에게 좋은 이미지를 이끌어내고 영향력을 만드는 것이다.

또한, 보안팀은 기본적으로 커뮤니케이션 팀이라고 생각한다. 보안팀은 다른 사람이 만든 문제점을 찾고 고치는 역할을 한다. 즉, 다른 사람의 문제를 해결해야 하는데, 여기엔 좋은 소통 능력이 필수적이다. 프리랜서 해커라면 본인이 발견한 취약점을 벤더에게 통보하는 것으로 단순하게 끝날 수 있지만, 기업 내에서는 커뮤니케이션을 통해 해결을 해야 한다. 어떤 개발자는 취약한 부분에 대해 간단하게만 설명해도 문제를 금방 해결할 수 있지만, 그렇지 않은 개발자도 있을 수 있다. 보안팀의 업무는 문제점을 잘 발견하는 것이 아니라 문제점을 잘 해결하는 것이다.

실제 우리 팀은 채용을 할 때 지원자의 커뮤니케이션 능력을 가장 우선순위로 보기 위해 노력한다. 기술 능력은 직무를 수행하기 위해 필요한 필수 요소일 뿐이다. 외부와 소통하지 않으며 어두운 곳에서 컴퓨터만 두드리는 해커는 사실 그렇게 많지 않다. 오히려 업계에서 더 좋은 대우를 받는 해커는 사회적인 능력과 함께 기술이 갖춰진 사람들이다.

나도 마찬가지로, 처음 라인에 입사하고 나서는 한동안 자기 스스로 한계를 정해놓았다. 이슈 티켓을 생성해서 문제점만 적어놓으면 담당자가 알아서 고칠 테니, 우리는 해킹만 열심히 하면 될 줄 알았다. 첫 한 달이 지나고 그게 아니란 걸 깨닫게 됐다. 아직도 부족한 부분이 많지만 라인에 와서 많은 부분을 배우고 나아지고 있다.

우리는 라인 개발자들을 위해 다양한 노력을 기울이고 있다. 대표적으로 우리가 만든 해킹 문제를 개발자가 직접 풀어봄으로써 시큐어 코딩에 대해 스스로 이해하게 한다. 또 1년에 두 차례, 라인 개발자들이 실수한 보안 취약점 사례들을 소개하는 세미나를 열고 있다. 앞으로는 서비스를 디자인하기 전에 보안 컨설팅을 제공해서 안전하게 설계할 수 있게 하는 방안, 취약점 탐지에 대한 자동화 프로세스를 라인에 최적화하여 도입하는 것 등을 추진해볼 생각이다.

라인 개발자와
일하는 이야기

앞서 말했듯이 라인 개발자들은 업계에서 상당히 인정받는, 소위 고수라고 불리는 사람이 많다. 분야는 조금씩 다르지만, 컴퓨터 업계에 종사하고 있다면 누구나 컴퓨터에 대해 잘 이해하는 사람과 일하고 싶어 한다. 그런 면에서 봤을 때 라인의 개발자들은 열린 사고를 갖고 열정이 충만한 사람이 많기 때문에 보안팀 입장에서도 상당히 행운이라고 볼 수 있다.

우리 팀은 개발을 좋아하는 사람들이 많아서인지 개발팀과 좋은 관계를 유지하며 잘 지내는 편이라고 생각한다. 개인적인 경험으로, 엔지니어를 지향하는 사람일수록 순수한 성격이 많았다. 가끔씩 특정한 분야에 대해 편협한 사고방식을 갖는 사람도 볼 수 있지만, 이는 엔지니어라면 누구나 가질 수 있는 특성이고 어느 정도 긍정적인 면도 있기 때문에 충분히 이해한다. 그런데 이것이 어느 정도 임계 수준을 넘는다면 대화가 어려워질 때도 간혹 있다. 문제는 우리도 엔지니어이기 때문에 우리 스스로 그러한 면이 충분히 있다는 것이다. 상대방도 우리와 대화할 때 비슷한 느낌을 받을 것이다.

우리는 문제를 해결해야 하는 팀이기 때문에 그런 상황이 올 때마다, 상대방의 문장을 잘 해석하기 위해 노력한다. 어려웠던 경우를 하나 소개하자면, 라인 입사 초기 시절에 어떤 서비스를 개발하는 팀과 보안 컨설팅을 위해 첫 미팅을 한 적이 있다. 그렇지 않아도 낯선 사람과 대화해야 하기 때문에 방에 있는 모든 엔지니어가 어색해하고 있었다. 그때 우리 질문에 대한 대답으로 한 개발자가 이렇게 말했다. "그 서버의 TPS를 끌어올리려고 지금 얼마나 노력 중인데 그 앞에 필터 로직을 놔요? 말이 안 되죠." 우리 팀은 모두 당황했다. 앞뒤 설명이 전혀 없으니 '그 서버'의 정체도 모르겠고, TPS는 현재 어느 정도인데 또 어느 정도까지 올려야 하는 건지 알 수 없는 상태에서 그런 답을 들으니 우리 모두 사고에 정지가 왔다.

우리도 엔지니어이기 때문에 이런 상황엔 조금 욱하는 느낌을 받는다. 이럴 때면 속으로 '그래, 좋다. 누가 더 컴퓨터 잘하는지 해킹 말고 개발로 대결해보자' 같은 아이 같은 생각이 살짝 드는 것도 사실이다. 하지만 일단 마음의 평안을 유지하고 회의를 최대한 좋게 마무리한 후, 자리에 와서 더 생각한다. 현재 개발팀과 소통을 위해서 해결해야 할 것이 무엇인지.

여러 번 미팅을 하고, 서로의 상황에 대해 이해하면 좋은 관계로 프로젝트를 잘 진행할 수 있다. 각자 분야와 개성이 다르고 서로 엔지니어적인 특징을 가진 사람들이 서로의 역할과 목표를 달성하기 위한 과정이 순탄치는 않다는 것, 그럼에도 라인의 직원들은 이를 좋은 방향으로 이끌기 위해 노력한다는 것을 말하고 싶었다.

무엇보다도, 실력이 좋은 엔지니어들과 일하는 것은 축복이다. 다른 모든 단점은 이것으로 상쇄될 수 있다.

라인에서의 꿈

라인은 IT 기업에서 보안이 얼마나 중요한지에 대해 이해하고 있고, 보안 팀이 시스템을 안전하게 하는 것뿐만 아니라 다양한 요소로 회사에 기여할 수 있다는 점을 파악하고 있다. 특히 보안팀의 역량이 사업의 성공에도 영향을 줄 수 있다는 것은 보안 인력도 생각해내기 어려운 부분이다. 회사 생활을 하다 보면 사소한 것이든 큰 것이든 문제는 항상 발생할 수밖에 없다. 엔지니어 입장에서는 납득이 되는 근거를 상사에 전달했을 때 그에 대한 지원을 회사에서 해준다면 더 바랄 것이 없다. 그리고 현재 내가 속한 환경은 이것과 일치한다.

보안 업계에 있지만, 인정할 수밖에 없는 불편한 사실은 어떠한 서비스도 100% 안전하게 만들 수는 없다는 것이다. 그것은 라인도 마찬가지다. 아무리 훌륭한 보안팀이 노력을 한다고 해도 완벽하게 안전한 시스템을 만드는 것은 불가능하다. 제품은 시간이 지날수록 계속 업데이트되고, 100개 중에 99개의 문제점을 찾아도 1개를 놓친다면 심각한 위협으로 이어질 수 있다.

라인에서 내가 하고 싶은 것이 몇 가지 있다. 첫 번째는, 보안 업계에서 흔히 쓰는 용어인 회복력resilience에 관한 것이다. 회복력은 침해 사고가 일어나도 빠르게 회복할 수 있어야 한다는 의미다. 현재는 시스템 복원에 초점이 맞춰진 연구가 많지만, 개인적으로는 '회복 가능한 사업'의 영역까지 확장해야 한다고 생각한다. 가령 어떤 비트코인 거래소가 해킹당했다고 가정해보자. 콜드/핫 지갑의 비율도 엉성하고, 심지어 콜드 지갑까지 해킹당했다면 이 거래소는 더는 사업을 지속할 수 없을 것이다. 해킹을 당할 수는 있지만, 당하더라도 회복이 가능한 사업이 되도록 보안 아키텍처를 구상하는 것, 그리고 이것이 라인의 모든 서비스에 정착할 수 있도록 문화로 만들고 싶다.

두 번째는, 보안의 영역과 사업의 영역을 구분하지 않는 문화를 만들고 싶다. 앞서 언급했듯 보안팀은 기술적으로 재미있는 것은 하지만 돈을 버는 조직은 아니라는 인식이 강한데, 이를 깨기 위해서는 스스로 한계를 정하지 않는 것이 필요하다. 말로 전파할 수 있는 것이 아니기 때문에 실제 여러 사례를 만들고 보안 인력과 공유하고 싶다. 나아가서는 라인뿐만 아니라 다른 회사들과 이러한 문화를 함께하고 싶다. 산업계 전반적으로 이러한 인식을 가진 사람이 많을수록, 라인도 더 훌륭한 인재를 채용할 기회가 많아지고, 나아가 더 안전한 인터넷을 만드는 데 기여할 수 있다고 믿는다.

끝으로 언젠가는 수익을 창출하는 사업에 도전해보고 싶은 생각이 있다. 평소 나는 인터넷 서비스를 통해 돈을 버는 방식이나 그 철학에 대해서 관심이 많고 실제로 많은 서비스에 돈을 써보며 경험을 하고 있다. 돈을 버는 것 자체에 관심이 있다기보다는 사람들이 많이 쓰는 서비스와 그것의 인사이트에 대해 이해하고 그러한 서비스를 직접 만들어보고 싶다는 꿈이 있다.

성장에 목마른 내가
라인에 온 이유

김재석

도도 포인트를 만든 (주)스포카를 공동 창업한 소프트웨어 프로그래머. 엔드유저 제품 개발을 즐기
다 2017년 암호화폐 광풍의 끝자락에서 이더를 200만 원 주고 사면서 암호화폐/블록체인 개발에
관심을 가지게 되었다. 현재 unchain에서 링크체인을 만들고 있다.

기술적 성장에 목말랐던 사람

나는 2018년 5월에 라인의 블록체인 랩에 입사하여 현재 동료들과 함께 링크체인을 개발하고 있다. 중학교 때 프로그래밍을 시작해서, 20대 초반에 공동 창업한 회사에서 7년간 일해온 내가, 이후 라인에 합류해 팀에 기여하기까지의 어떤 고민과 과정이 있었는지 이 글로 정리해보고자 한다.

어려서부터 늘 성장에 대한 갈증에 목말라 있었고, 정체가 길어진다고 느끼면 쉽게 불안해지는 성격이었다. 현재가 그럭저럭 괜찮은 상황에 있다고 할지라도, 기술 업계의 변화는 너무나 빠르고 급격하기 때문에 더 그렇게 되었을 것이다. 본격적으로 성장에 집착하게 된 계기는 남들보다 조금 일찍 일을 시작하면서부터였던 것 같다. 2003년, 고등학교 1학년 때 교내 학생 창업 팀에 합류해서 개발을 시작했다. 중학교 때 취미로 만들었던 게임 정보 사이트에 매일 500여 명(당시에는 큰 숫자였다)의 사용자가 방문하고 있었고, 그런 서비스를 혼자 만들어 운영하고 있었다는 사실이 다른 친구를 통해 선배들에게 입학 전부터 알려진 덕분이었다.

당시 창업 팀은 중소기업청에 제출한 지원 사업에 선정되어 몇백만 원 규모의 사업비를 지원받고 있었고, 지원 사업에 제안한 서비스를 개발해야 하는 일도 있었다. 다만 그 서비스가 당장 돈을 벌거나 유의미한 사용자층을 이루진 못해서, 나는 아무 매출도 만들지 못하고 있는 상태가 불만이었다. 지원 사업비가 있지만 그건 어디까지나 지원이나 투자의 의미지 보상의 성격은 아니기 때문에, 나는 돈을 벌지 못하면 우리의 가치를 증명할 방법이 없다고 생각했다. 그래서 직접 매출을 만들어보자고 팀에 제안하여 외주 개발을 수주하기도 했는데, 그게 내가 처음으로 일을 해서 벌어본 돈이었다.

그때부터 나의 타임라인은 남들보다 조금씩 점점 빨라졌었다. 고등학교 때 이런저런 개발 일을 해서 돈을 벌었고, 이 사실을 아는 주변인의 추천을 통해 수능이 끝난 다음 주부터 개발자로 취직하여 일할 수 있었다. 학교와 병행해야 했기에 몸은 피곤했지만 남들보다 빠르게 성장할 수 있다는 생각에 항상 열심히 임할 수 있었다. 19세 때는 이미 팀장 역할을 했기 때문에 개발만 아니라 팀 매니지먼트 업무까지 같이 해야 했었다.

산만함과 성장욕, 그리고 20대 체력이 시너지를 일으켜 다양한 일을 동시에 할 수 있었다. 2008년부터 학부 시절 회사를 다니는 것과 병렬로 당시 병역특례 중이던 학교 후배끼리 모여 '야간개발팀'이라는 모임을 조직하고, 웹 2.0 시대에 맞는 여러 서비스를 개발했었다. 이 모임은 팀원이 모두 대학생이거나 산업기능요원이었기 때문에 저녁에만 모여서 개발을 하는데, 일주일 중 5~6일을 같이 만나서 맛있는 음식을 먹고 토즈나 민들레영토에 자리 잡아 만들고 싶은 서비스를 함께 개발했다. 지금 생각해보면 다시 못 할 강행군이지만, 당시에는 노는 느낌으로 임할 수 있었기 때문에 거의 3년 정도 이 생활을 유지할 수 있었다.

사실 이 모임을 시작하게 된 동기는 약간 불순했다. 당시에는 웹 2.0 서비스를 만들던 스타트업을 구글 같은 실리콘밸리 회사들이 적극 인수하던 시기였다. 소위 인재인수acqui-hiring라고 하는, 서비스의 성공 여부와 상관없이 제작 능력만으로 스타트업 팀의 역량을 높게 평가해 수십억 원 규모의 기업 가치로 인수하는 형태가 잠시 유행했던 시기였다. 테크크런치를 통해 그런 뉴스를 접하면서 이런 서비스는 나도 만들겠다 싶은 근거 없는 자신감이 생겨 친구들과 후배들을 꼬셨던 것이다. 당시 만들었던 서비스는 취향 공유를 위한 VLAAH, SMS를 통해 트위터를 쌍방향으로 이용할 수 있는 한국 최초의 서비스 한트윗 등이 있었다.

그 외에도 많은 서비스를 론칭했었지만 아쉽게도 크게 흥행하지는 못했다. 하지만 회사에서 도입하기 어려운 새로운 기술을 마음껏 도입해볼 수 있었기 때문에 우리 역량의 성장에 엄청난 도움이 되었다. 우리가 중요하게 여겼던 수칙이 몇 가지 있었다. 첫째, 가장 이상적이라고 여기는 기술을 써볼 것, 그리고 둘째, 서비스는 반드시 최종 사용자가 쓰는 순간까지 만들어볼 것이었다. 이 기준 덕분에 우리 팀은 그저 그럴싸한 기술을 체험만 해보는 것만이 아니라 실질적으로 신기술의 한계와 가능성을 다양하게 검증해볼 수 있었으며, 이는 추후 팀의 일원들이 IT 업계 각지에서 핵심적인 역할을 하는 데 중요한 경험이 되었다.

본격적인 도약의 계기를
마련해준 도도 포인트

24세가 되던 2011년, 최재승, 손성훈 대표와 함께 도도 포인트라는 서비스를 만드는 ㈜스포카를 공동 창업했고 CTO도 겸했다. 최재승 대표는 앞에 쓴 야간개발팀에서 만든 한 서비스에 투자를 제안했던 스타트업 인큐베이터의 매니저였다. 그는 창업을 위해 프로그래머를 찾고 있었고, 나도 조금 시간 여유가 있던 상태였기 때문에 가볍게 도와준다는 마음으로 시작했는데, 그 가벼운 시작이 결국 8년간의 긴 여정이 되고 말았다.

도도 포인트는 태블릿을 이용해 오프라인 카페/레스토랑 등에서 사용자가 휴대전화 번호 입력만으로 간단히 멤버십 혜택을 받을 수 있게 하는 서비스로, 대한민국 20대의 전폭적인 지지를 받고 있다.

처음부터 전화번호 입력으로 적립하는 서비스를 개발했던 것은 아니다. 무언가 발명을 했다기보다는, 일단 상상하는 대로 만들어서 내봤더니 잘 안 쓰이고, 그래서 물어보고 관찰하면서 계속 다른 시도를 하는 과정에서 조금

씩 아이디어가 잡혀간 경우였다. 처음에는 적립하는 앱을 만들어서 이런저런 재미 요소를 넣으면 사람들이 쓰겠지 싶었는데 아무도 개인 매장에서 포인트 적립을 받자고 앱을 설치하지는 않았다. 그래서 역으로 매장에 태블릿을 비치해서 QR 코드를 찍게 해보니 사용자가 훨씬 더 많이 쓰게 되었다. 이 서비스를 한창 운영하다 여러 점주가 전화번호 입력 기능을 넣어달라고 요구한 것을 수용했더니 더 많은 매장에서 쓰이게 되었는데, 생각보다 프라이버시에 대한 우려도 크게 없어 계속 이 형태로 서비스가 발전해가는 식이었다.

외적으로 보면 회사가 별 성장통 없이 무럭무럭 잘 성장한 것처럼 보일 수 있으나, 사실 안에서는 매일 전쟁이었다. 나는 그 과정에서 개발자로서도 성장할 수 있었지만, 한 제품을 만들기 위해 여러 사람과 협력해야 하는 협력자로서도 많은 성장을 할 수 있었다. 하루하루를 보면, 다들 너무 싸웠고, 힘든 일도 많았고, 아무리 해도 정체가 반복되었고, 돈도 항상 부족했다. 개인의 성장 동기 같은 것보다, 문제를 해결하지 않으면 생존할 수 없으니 끊임없이 발버둥치는 것에 가까웠다.

라인과의 협업

그런 힘듦 속에서도 우리는 오프라인 멤버십과 메신저 연계를 통해 첫 2년 동안 확보한 매장 수만큼을 단 6개월 만에 더 모을 수 있었고, 2년이 지나자 매장 수는 10배로 성장하게 되었다. 당시 도도 포인트는 글로벌 진출의 첫 타깃으로 일본 서비스를 준비하고 있었기에, 한국에서의 성장 실적을 바탕으로 라인에 협업을 제안했다. 그때가 2015년으로, 라인에서도 O2O

비즈니스에 관심을 가지고 여러 시도를 준비하고 있던 터라 자연스럽게 협업을 함께 고민하게 되었다.

라인과의 협업은 사업적으로도 굉장한 기회였지만, 개인적으로서는 라인의 조직 문화를 많이 엿볼 수 있었고, 많은 점을 배울 수 있었다. 첫 번째로 인상적이었던 점은 팀의 내부 정보 교류가 굉장히 잘되는 조직이라는 점이었다. 다양한 라이너들과 일을 함에도 각각이 현재 스포카와 라인이 어떤 관계로, 어떤 히스토리를 가지고 협업을 진행하고 있는지 잘 이해하고 있었다. 따라서 같은 설명을 여러 번 하거나 양사가 가져가고자 하는 목표를 여러 번 설명해야 하는 시간 낭비가 없었다. 밖에 있을 때는 라인이 내부에서 어떤 도구를 사용하는지 궁금했는데, 나중에 들어와서 놀란 점은, 위키와 버그 추적 시스템을 활발하게 활용한다는 점을 제외하면 다른 어떤 마법도 존재하지 않았다는 것이다. 반대로 이야기하면, 잘 기록하고 다른 사람의 기록을 잘 읽는다는 기본이 기업의 강력한 자산이 될 수도 있다는 뜻이다.

둘째로 인상적이었던 점은 굉장히 엔지니어링 친화적인 조직이라는 점이었다. 우리와 함께 협업을 진행하는 프로젝트의 주요 리더들이 모두 엔지니어였거나 현재도 엔지니어링을 직접 하고 있었고, 따라서 협업 모델의 구현 수준에 대해서도 구체적인 수준의 대화까지 어려움 없이 나눌 수 있었다. 도도 포인트는 다양한 회사와 제휴 사업을 진행해왔는데, 제휴 담당자나 제휴를 추진하는 임원이 제품이나 개발에 대한 기술적 이해가 부족하여 '큰 그림'만 이야기한 후 제품화하는 단계에 넘어가야 실질적인 논의가 시작되는 등 커뮤니케이션 갭이 존재하곤 했다. 라인과의 협업에서는 그런 시간 낭비 문제가 없었기 때문에 빠르고 효율적으로 협업 논의를 할 수 있었다.

또한 상당히 적극적으로 API를 개방하고 있었기 때문에, 우리는 어떤 특별한 협약을 맺지 않고도 라인과 연계된 다양한 제품 개발을 해볼 수 있었다. 제휴 API를 포함해서 전 세계 모든 메신저 서비스의 API를 써보았지만, LINE의 Messaging API는 그중 가장 강력한 기능들을 개방해두었다. 우리는 라인과 제휴 협의를 하기 전에 이미 공개된 API를 최대한 활용하여 연동 제품을 고객에게 제공할 수 있었으며, 라인과 직접 만나 논의할 때도 아무것도 없는 상태에서 대화하는 것이 아니라, 연동된 제품을 보여주고 더 개선된 연동 방식을 위해 어떤 변화가 필요한지에 대해 이야기할 수 있었다.

라인에 합류하게 된 이유

라인과 협업한 지 얼마 지나지 않아 병역특례를 위해 창업한 회사를 떠나 새로운 시작을 준비해야 했었다. 새로운 도전을 앞두고 나에게 제일 중요한 것은 어떤 곳에 큰 성장 기회가 있는지 판단하여 결정하는 것이었다. 이는 사업 분야, 회사의 강점, 동료 등 다양한 요소를 두루 살펴야 하는 문제였다.

나는 기업의 성장 가능성에 주로 초점을 맞추어 여러 회사의 제안을 검토했다. 다른 스타트업의 CTO 제안도 많았다. 하지만 그 모든 제안을 뿌리치고 라인의 블록체인 랩의 프로그래머로 입사했다. 혹자는 빠르게 성장하고 싶다면 무조건 작은 회사나 이제 막 시작하는 회사를 우선하여 알아봐야 한다고 주장한다. 빠른 성장을 위해서는 꼭 스타트업에 가야 하는 걸까? 이는 스타트업을 단지 규모의 문제로 오해하는 경우라고 본다.

그림을 보면 3사분면(저성장, 소기업) 영역은 사람들이 흔히 스타트업으로 여기는 기업이고, 1사분면과 4사분면(고성장) 영역이 실제로 스타트업으로

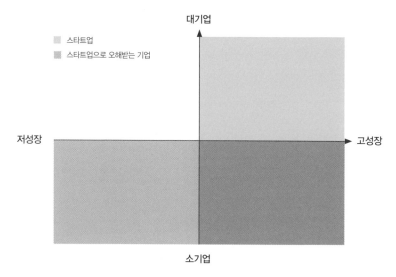

대기업

스타트업
스타트업으로 오해받는 기업

저성장 ──────────────────── 고성장

소기업

— 스타트업은 규모의 문제가 아니다!

여겨야 할 영역이다. 매우 큰 덩치를 자랑하지만 여전히 스타트업인 회사도 많이 볼 수 있다. 2013년 스포카 기업 가치가 3배 성장할 때 라인은 10배 이상 성장했다. 카카오도 마찬가지였다. 페이스북은 100조 원이 넘는 기업 가치로 상장했고 현재는 상장 시점보다 5배 이상 기업 가치가 커졌다.

다시 말해 저성장 중인 소기업은 회사의 규모가 작더라도 스타트업이 아니며, 고성장 중인 대기업은 회사의 규모가 크더라도 스타트업이다. 나는 20대에 작지만 스타트업이 아닌 회사를 많이 만나보았다. 이들은 자신들의 조직이 작기 때문에 스타트업이라고 입을 모아 주장했지만, 시장 규모가 지나치게 작거나, 리더 그룹이 현재의 회사 이익에 충분히 만족하고 있거나, 비전의 부재로 조직력이 빠르게 약화되고 있는 회사들이었다.

회사에 합류할 때는, 직원으로서 월급을 받기 위해 들어간다고 생각하는 것이 아니라 투자자의 관점에서 회사를 바라보는 것이 좋다. 그런 시야 아래에서는 어떤 회사가 스타트업에 준하는 곳인지 더 명확한 기준을 가질 수 있다. 월급을 받는 것보다 중요한 건 내 시간을 어떤 종목에 투자하고 있는 것인지 정확히 이해하는 것이라고 생각한다.

라인은 글로벌 규모를 자랑하는 회사이지만 그 누구보다도 빠른 성장 속도를 지닌 스타트업이기도 하다. 그렇기 때문에 무한한 성장을 원하는 나에게 라인은 당연한 선택이었다.

나는 왜 블록체인을 선택했나?

2017년 당시 나는 블록체인 기술과 암호화폐에 많은 관심을 갖고 있었다. 주변에 큰 부자가 된 사람이 딱히 있는 것도 아니었지만, 비트코인을 처음 만든 사토시 나카모토가 사라졌음에도 비트코인이 잘 동작한다는 사실이 흥미로웠다. 여러 사람이 참여할 수 있는 단일 경제 시스템이라는 것은 사람이나 단체의 운영이 필요하고, 그렇기 때문에 유한할 수밖에 없다고 생각해왔기 때문이다. 탈중앙화된 화폐 그 자체도 굉장히 큰 발견이지만, 트랜잭션에 들어갈 수 있는 정보는 제한이 없기 때문에 블록체인이 도입될 수 있는 분야가 지금보다 더 넓어질 것이라는 기대도 있었다.

나의 이런 기대와 다르게 세상에서 이 기술을 바라보는 시선은 크게 혼란스러웠다. 극히 부정적으로 보는 사람과 극히 긍정적으로 보는 사람이 공존했다. 혹자는 이런 복합적 평가가 좋지 못한 아이디어 때문이라고 생각하지만, 나는 오히려 좋은 아이디어를 시작할 가장 최적의 시기는 그 아이디어가 어떤 것인지 아직 불명확한 때라고 생각한다. 누가 봐도 분명하게 좋다고 생각될 정도의 아이디어라면 보통 누군가 선점했을 것이기 때문이다.

도도 포인트가 처음 출시했을 때, 태블릿 PC의 가격은 대당 60만 원 수준이었다. 첫 출시판의 월 사용료가 3만 원이었기 때문에, 우리가 태블릿 PC를 구매해 빌려주고 나서 이에 대한 비용을 회복하기까지는 20개월이 필요했다. 초기 약 2년 동안 고객을 유치하면서 비용을 오히려 써야 하는 이 모델이 훌륭한 아이디어라고 생각할 사람은 아무도 없었다. 대다수의 사람은 태블릿 가격이 충분히 싸져야 말이 되는 아이디어이므로, 지금 이 사업을 하는 사람은 바보라고 이야기했었다. 많은 투자자가 태블릿 가격이 내려가면 그 후에 투자하겠다고 말했었다.

LINE 메신저의 출시 및 초기 확장 시점에서도 마찬가지였을 것이다. 사람들이 인스턴트 메신저를 좋아하는 것은 분명했지만 이 제품에 수많은 사람이 매달리고 수백억 원을 투자할 가치가 있는지는 대다수가 확신하지 못했다. 인스턴트 메신저가 분명한 수익 모델을 확보해야 말이 되는 아이디어라고 생각하는 사람이 많았다. 내 주변에서도 그렇게 카카오톡과 LINE에 대해 비아냥거리는 사람을 많이 보았다. 하지만 메신저 애플리케이션 생태계에 광고, 게임, 스티커, 쇼핑, 결제 등 수많은 수익 모델이 확보된 지금, LINE은 전 세계 사용자들에게 사랑받는 서비스가 되었다.

결국 좋은 아이디어를 쟁취하는 조직은 아이러니하게도 그 아이디어가 좋은지, 좋지 않은지 불명확한 시점에서 시작하는 경향이 있다. 그런 점에서 라인이 블록체인을 만들고 암호화폐를 발행하고자 하는 야심을 가지고 있다는 사실은 크게 놀라운 일이었다. 아직 리스크가 너무 많았기 때문이다. 하지만 더 시간을 들여 검토하면서, 그리고 입사 후 팀과 함께 일을 하면서, 라인이 이 새로운 분야에 대해 진지하게 큰 야심을 가지고 도전하고 있다는 사실은 분명해졌다.

블록체인 프로그래머로서의 일

라인에 입사하고 그나마 조금 여유가 있다고 느낀 시기는 입사하고 1~2주 정도였던 것 같다. 이후로는 많은 일이 꽤 바쁘게 돌아갔다. 경험상 경영진이 관심이 없는데 바쁜 프로젝트는 잘 없고, LINK 역시 매우 중요하게 여겨지는 프로젝트였기 때문에 자연스럽게 모두 분주히 움직였다.

LINK는 아주 야심 찬 프로젝트였다. LINK 암호화폐의 토큰 설계, 블록체인 코어 엔진, 블록체인을 쓸 파트너를 위한 프레임워크, 링크스캔 같은 유틸리티 서비스, 그리고 복수의 디앱dApp이 모두 수개월 내 출시를 목표로 동시에 만들어지고 있었다. 최초 상장소인 비트박스BITBOX의 개발과 연동까지 합치면 정말 많은 사람이 순식간에 프로젝트에 합류하게 된 셈이었다. 내가 처음 팀에 합류할 때 팀원은 10명이 안 되었는데, 이후 아주 빠른 속도로 수십 명 이상의 조직이 되었고, 그러다 보니 2018년 말에는 내가 합류한 지 6개월밖에 안 지난 시점이었음에도 팀의 초기 멤버로 여겨졌다.

대기업이라고 해서 신규 프로젝트를 진행할 때 크게 차이가 있던 것은 아니었다. 물론 여러 도와주는 조직이 있지만 근본적인 실행은 모두 프로젝트 팀이 맡아야 하는 일이었고, 외부의 스탠다드나 규제는 모두 높은 허들을 요구하기 때문에, 오히려 작은 회사에서는 하루 이틀이면 끝날 일들에 여러 법무 검토와 스탠다드 충족을 위해 훨씬 더 많은 노력이 필요한 때도 많았다. 하지만 이는 흔히 밖에서 이야기하는 큰 회사의 경직성과는 많이 달랐다. 문제를 해결하고 일을 진행해나가는 데 초점을 맞추고 적극성과 프로페셔널함으로 풀어나가기 위해 다들 노력했다. 작은 회사가 암호화폐를 발행할 때보다 몇 배의 준비가 필요했음에도 그 모든 걸 짧은 일정 내에 충실히 해결해나가는 동료들의 모습이 자신에게도 많은 자극이 되었고, 함께 몰입하여 일할 수 있었다. 결국 라인은 1조 원 이상의 기업 가치를 지닌 상장사 중 최초로 암호화폐를 발행하고 유통한 회사가 되었다.

앞으로 가야 할 길이 멀지만, 라인의 경영진과 동료와 함께 앞으로도 새로운 성장의 역사를 계속 써나가고 싶다.

내가 생각하는
라인만의 성장 비법

100개의 회사가 있다면 100개의 성장 스토리가 있다. 창업 시기, 창업자의 역량, 성향, 자본 등 여러 조건에 맞춰 회사는 자신에게 최적의 성장 전략을 취하고 이는 모두가 제각기 다른 모습을 갖추고 있기 때문이다. 라인의 성장 전략은 무엇일까? 라인이 사용하는 성장 도구는 어떤 것인가? 이렇게 큰 회사를 단정적으로 정의하긴 어렵지만 내가 바라본 라인의 성장 도구는 글로벌 시장을 타깃으로 글로벌 협업을 수행하는 기업 문화에 있다고 생각한다.

새로운 시장

라인은 일본, 태국, 대만, 인도네시아 등 글로벌 사용자가 이용하는 메신저 애플리케이션이 있고, 이를 바탕으로 라인페이LINE Pay라는 결제 서비스를 만들고 있다. 또한 디앱의 성장 가능성과 탈중앙화 금융De-Fi 생태계 참여를 위해 링크체인을 만들어 전 세계를 대상으로 암호화폐를 발행하고 있다.

큰 회사일수록 기존 매출을 방어하는 데 더 치중하는 회사가 많은 편인데, 라인의 리더십에는 어떤 회사에서도 보기 어려운 강력한 도전 DNA가 살아 있다는 것을 자주 느낄 수 있다. 기존 고객의 규모도 크기 때문에, 기존 고객을 대상으로 새로운 서비스를 제공하는 프로젝트도 상당한 규모의 시장을 기대할 수 있는데 단지 거기에 국한하지 않고 라인이 닿지 않는 영역도 시장이 크다면 과감하게 도전해볼 기회가 있었다. 이것이 라인이 가진 가장 강력한 성장 도구가 아닐까 싶다.

이제 막 새로 시작한 스타트업은 아무것도 없기 때문에, 그리고 살기 위해 새로운 시장을 찾아 나선다. 어느 정도 시장 내 고객 기반을 갖추게 되면, 그 이후부터는 기존 고객을 중심으로 후속 사업을 구상하게 되고 실제로 이 편이 사업 성장의 성공률이 높은 편이다. 하지만, 그 점이 되려 어느 정도의 시장을 가진 회사가 완전히 새로운 분야를 도전하는 것을 어렵게 하고 심리적으로 발목을 잡는 경향이 있다. 하지만 라인은 그러한 제약에서 상당히 자유로운 듯하다.

협업과 커뮤니케이션

라인에는 거점 국가를 포함해 다양한 국가에 개발팀이 존재하므로 이들과 함께 소통하며 함께 개발을 진행한다. 제품팀이나 기술팀이 특정 국가에만 있는 팀보다는 훨씬 더 민주적이며, 다양한 도전이 발생할 수 있는 환경이다. 내가 속한 블록체인 랩에도 한국인과 일본인이 함께 협업을 지속하고 있다.

하지만 모든 글로벌 기업이 라인 같지는 않다. 내가 만나본 여러 글로벌 기업은 대체로 각 브랜치별로 역할이 제한적이고 뚜렷한 편이었다. 내가 창업한 스포카 역시 일본 팀은 영업/관리 중심의 조직이었기 때문에 새로 추진할 수 있는 일들에 한계가 있다는 점이 개인적으로는 아쉬웠다. 이렇게 역할적으로 제한된 브랜치로 글로벌 사업을 전개하는 것은, 비교적 적은 준비가 필요하기 때문에 많은 기업이 취하고 있는 형태다. 하지만 이는 본사의 의존도가 높아지며 여러 한계를 가지게 되기도 한다. 가령 본사에서는 모든 것을 할 수 있는 반면, 지역 브랜치에서는 해당 지역 영업, 혹은 프로그래머가 있더라도 지역 최적화 중심의 업무만으로 범위를 제한하는 회사들이 많다. 이런 구조는 결국 본사 직원과 그 외 지역 직원 사이의 차별을 야기한다.

글로벌 협업 면에서 특히 내가 라인에 대해 만족스러운 부분은 커뮤니케이션에 대해 정말로 진지하게 여기고 투자한다는 점이다. 모든 채팅 환경에는 파파고 기반의 훌륭한 번역 봇이 지원되며, 회의 시에는 화상 채팅과 쌍방향 동시 통역이 지원된다. 업무 협의를 위한 출장 지원도 충분히 이루어지기 때문에 개인이 소통에 대한 의지가 크다면 다국어 가능자가 아니더라도 충분히 깊은 수준의 커뮤니케이션을 진행할 수 있다.

충실한 문서화

라인에 있으면서 처음 가장 인상 깊었던 점은 문서화에 대한 전사적 스탠다드가 무척 높다는 점이었다. 많은 회사가 특정 부서만 문서화에 관심이 있거나 대부분 문서화를 별로 신경 쓰지 않는 경향이 있다. 아무래도 글로 쓰는 것보다는 말로 하는 것이 더 편하기 때문에, 일부러 신경을 쓰지 않는다면 제대로 하기가 어려운 일 중 하나다. 이전 회사인 스포카 역시 문서화에 꽤 공을 들이는 편이었는데, 라인은 훨씬 더 방대한 정보를 잘 관리하고 있었다. 특히 공유가 중요한 문서는 영어뿐 아니라 한국어, 일본어, 중국어 버전도 모두 준비되어 있어 편리하게 열람할 수 있었다.

회사 전반의 정보가 문서화가 잘되어 있다면 어떤 장점이 있을까? 우선 회사 내 정보 중 휘발되는 것이 거의 없기 때문에 회사 내 활동 경험이 집단적으로 축적될 수 있다. 기록이 없이 사람에 의존하는 회사의 경우, 특정 직원이 회사를 떠남과 동시에 집단적으로 같은 실수를 반복하는 모습을 많이 볼 수 있다. 특히 중요한 프로젝트에서는 이런 일로 때문에 같은 실수를 하느라 시간을 1~2년 낭비하기도 한다.

충실한 문서화의 두 번째 장점은 써보는 문화와 함께 찾아보는 문화 또한 발달하게 된다는 점이다. 정보를 잘 알 만한 사람을 찾아서 질문하는 것보다 위키를 검색해보는 것이 더 빠르고 더 정확한 결과로 이어지기 때문에 검색이 습관화되고 이는 회사 내 정보 교류를 무척 효율적으로 만들어준다.

결국 충실한 문서화 역량은 회사가 새로운 도전을 하는 데 용기를 준다. 문서화를 통해 우리는 실패를 자산화할 수 있기 때문이다. 다음 도전을 할 때 이전의 실패에 대해 복기하고, 그 위에서 새로운 도전을 할 수 있다면 모든 도전은 실패했어도 단지 실패로 끝나는 것이 아니라 다음 성공을 위한 교훈이 될 수 있다.

마무리하며

내가 라인에 합류한 지 이제 약 1년이 지났다. 짧은 시간에 많은 일이 있었는데, 이렇게 좋은 환경과 기회 앞에 있음에도, 열성적으로 시도했던 도전 중 계획 그대로 되는 일은 하나도 없었다. 고생 끝에 목표하던 일을 해낸 것도 있지만, 보통은 실패와 교훈을 바탕으로 새로운 목표에 도전해야 했었다.

하지만 희망과 공포는 같은 것이라고 생각한다. 희망을 집어 드는 순간 공포도 집어 들게 된다. 그러니 잘될 것 같아서 선택하는 것보다 실패해도 후회하지 않을 것 같아서 선택을 하는 게 더 바람직하다. 이 도전을 함께하는 모두에게, 지금의 여정이 뜻 깊은 삶의 선택이 될 수 있길 기대한다.

개발자라고 개발만 하나요?

오픈소스 매니저가
일하는 법

이서연

라인의 첫 오픈소스 매니저. 하는 일은 '오픈소스'라는 단어가 붙은 모든 일이다. 사소한 것에 많은 고민을 쏟으면서도 시원시원한 결과물을 내기 위해 노력하고 있다. '오픈소스 잘하는 회사'의 오픈 소스 매니저가 되고 싶다는 꿈을 매일 꾸고 있다.

"오픈소스 매니저는 무슨 일을 하는 거예요?"

오픈소스 매니저라는 명함을 내밀면 거의 대부분의 사람이 이런 질문을 한다. 오픈소스에 대한 관심은 굉장히 높지만 나와 같은 일을 하고 있는 사람이 아직은 드물다는 의미로도 볼 수 있다. 앞으로는 한국에도 나 같은 직업을 가진 사람들이 많아질 것이라고 기대하면서, 어떤 과정을 거쳐 이 직업을 사랑하게 되었는지 이야기해보려고 한다.

돈 이야기 하는 오픈소스 강의

2015년 가을, 4학년 2학기는 마지막 학기다 보니 지난 4년 동안 들어보지 않았던 새로운 수업을 듣고 싶었다. 때마침 새로 개설된 '오픈소스 소프트웨어'라는 강의를 수강하게 되었는데 이때까지만 해도 내 미래에 오픈소스가 엄청나게 큰 자리를 차지하게 될 것이라고는 상상하지 못했다. 수업을 듣기 전 내 머릿속의 오픈소스라고는 정말 별것 없었다. '나의 과제를 도와

주는 고마운 존재', '어떤 한가한 외국인 개발자가 만든 건가 보다' 하는 정도의 생각뿐이었다.

예상과는 다르게 이 수업은 내 흥미를 끄는 요소로 가득했다. 첫 수업에서는 오픈소스를 가지고 어떻게 돈을 버는가에 대한 내용을 다루었다. 돈과는 거리가 멀어 보이는 오픈소스라는 분야에서 첫 번째로 하는 설명이라는 것이 수익 창출이라니! 그것도 납득이 가는 방식의 투자와 회수, 그리고 기술에 대해 엄청난 자신감을 뿜어내는 것이 느껴졌다.

다음에는 '오픈소스 라이선스'라는 수업을 들었다. 갑자기 저작권이라는 딱딱한 이야기가 나오니까 여기서 졸기 시작하는 친구들이 참 많았다. 나는 내가 그렇게 돈 이야기를 좋아하는지 몰랐다. 수업에서는 다시 돈에 관련한 이야기가 나왔고, 나는 졸지 않고 초롱초롱하게 수업을 들을 수 있었다. 오픈소스 라이선스를 제대로 지키지 않으면 소송을 당하고, 저작자는 배상금을 얼마를 가져갔다는 등의 이야기를 듣게 되었다. 이상적인 이론만 설명할 것 같은 수업에서 이런 현실적인 이야기를 듣게 되어 신기했다.

이 수업을 듣던 시기에는 나도 다른 친구들처럼 한국에서 잘 알려진 큰 기업에 자기소개서를 넣고, 시험을 보고 면접을 다녔다. 다른 친구들과 마찬가지로 힘든 시기였다. 여러 시험과 면접을 거쳤다. 그런데 아무리 생각해보아도, 어떤 기준으로 사람을 판가름하는지도 잘 모르겠고, 이 많은 사람과 경쟁을 하고 있다는 사실이 너무나도 재미가 없었다. 그때 눈에 들어온 채용 공고가 하나 있었다. 이름은 한두 번쯤 들어보았는데 정확히 어떤 사업을 하는지는 모르는 회사가 올린 '오픈소스 검수 솔루션 기술지원팀 신입 사원 모집'이라는 제목의 공고였다. 상세 내용은 오픈소스와 라이선스에 대해서 전문적으로 일하는 것으로 보였다.

면접을 갔더니 대학생이 오픈소스에 관심을 많이 가지고 있다는 사실을 굉장히 반가워했다. 첫 만남인데도 내가 바라는 오픈소스 분야의 미래와 회사가 가진 비전에 대해서 한참 동안 이야기를 나눌 수 있었다. 2016년 2월, 그렇게 첫 회사인 블랙덕소프트웨어코리아 기술지원팀에 입사를 했다. 참 많은 것을 배울 수 있었던 감사한 시간이었다. 특히 여러 라이선스의 자세한 해석 방법을 알아가는 시간이 참 재미있었다. 라이선스는 일종의 법적인 효력을 가진 문서이기 때문에 정형화되어 있는 부분도 있고, 넓은 부분을 커버하기 위해 모호하게 쓰여 있는 부분도 많았다. 나는 궁금한 것이 너무나도 많아 신이 난 신입 사원이었다.

라인 오픈소스 매니저로 이직하다

그렇게 1년 남짓한 시간이 흐르며 기술지원팀의 원래 의미에 따라 고객 응대나 서버 관리 등의 업무에 더 투입이 되었다. 오픈소스와는 점점 멀어지는 듯한 느낌이 들 때 즈음에 오픈소스에 대해서 조금 더 깊이 있는 일을 하고 싶다는 꿈을 안고, 2017년 10월 라인의 오픈소스 매니저로 이직하게 되었다.

라인에서는 또다시 새로운 도전이 엄청나게 많이 기다리고 있었다. 라인이 두 번째 회사라곤 해도 아직은 회사 생활 2년 차 질풍노도의 시기였다. 내가 오기 전 라인에서는 오픈소스와 관련된 일을 여러 팀에서 각자 전문성을 가진 부분만 담당하고 있었는데, 이걸 모두 통합해야 하는 오픈소스 매니저 한 명이 바로 나였던 것이다. 각 팀에서 열심히 인계해주었지만 내용을 흡수하고 판단하는 것은 오롯이 나 자신의 몫이었다. 그래서 한동안은

퇴근길에 '멘토가 생기게 해주세요' 하고 기도하며 집에 갔던 것 같다. 이때 내가 했던 노력 중 하나는 오픈소스와 관련된 발표 영상을 보면서 다른 회사들의 사례를 듣는 것이었다.

방향을 알려준 OSCON

라인에서는 직원들의 역량 신장을 위해 해외 콘퍼런스에 참석할 기회를 주고 있다. 헤매기와 동영상 보기를 반복하던 나는 영어에 대한 두려움도 잊은 채 발표자들을 실물로 보고 싶다고 충동적으로 결정해버렸다. 그렇게 2018년 7월, 오픈소스 콘퍼런스 중 가장 큰 규모를 자랑하는 OSCON에 다녀왔다.

나는 당연히 나와 같은 일을 하는 사람들, 말하자면 오픈소스 관리자들을 만날 기대를 안고 부스를 하나씩 돌아보았다. 그런데 신기하게도 만나는 사람마다 하고 있는 일이 저마다 다 달랐다. 나처럼 오픈소스 매니저 직함을 단 사람을 만나기가 더 어려운 정도였다. 비영리단체 멤버, 마케터, 프로젝트 매니저, 엔지니어 등 다양한 사람을 만났다.

한 가지 확실하게 알 수 있었던 것은 다들 오픈소스에 엄청난 열정을 가졌다는 것이다. 그동안 내가 고민했던 것은 대부분 '나 잘하고 있는 것 맞나? 이 방향으로 일을 하는 것이 잘하고 있는 건가?' 하는 것이었다. 행사에 다녀온 이후부터는 생각을 조금 다르게 하기로 했다. OSCON에서 만난 다양한 사람처럼 내가 할 수 있는 일이 엄청나게 넓은 범위를 포함한다는 것을 눈으로 직접 마주했기 때문이다. 개발을 하거나, 마케팅을 하거나, 부스를 운영하고 발표를 하거나 등 어떤 일을 한다고 해도 결국 오픈소스라는 범주 안에서 일을 하는 것이다. 생각할수록 내 직업이 너무너무 재미있게 느껴지기 시작했다.

라인의 열린 도전 문화

누군가가 "그렇게 짧은 바지를 입고 다니면 되나?" 하면 꼭 핫팬츠가 입고 싶어지고, 서른한 가지 맛 아이스크림을 파는 곳에서 새로운 메뉴가 나오면 꼭 도전해보는 게 나다. 이런 내가 느끼는 라인의 가장 큰 장점은 바로 '하고 싶은 것 다 하세요' 하는 업무 분위기이다.

이런 특징이 나에게는 영향을 특히나 크게 미쳤다. 라인에 첫 출근을 했는데 그 아무도 무슨 일을 하라고 이야기를 안 하는 것이다. 회의를 하면 그냥 내가 일을 알아서 하는 결론으로 이어지곤 했다. 여러 회의가 주제는 모두 달랐지만 진행되는 흐름은 언제나 한 가지 패턴이었다.

- **나** 라인에서 함께 일하게 되어 기쁘네요. 앞으로 잘 부탁합니다.
- **실무자** 제가 오픈소스 전문가가 아니다 보니 그동안 답답했던 면이 있었습니다. 지금까지는 일단 이렇게 해왔어요. 이것도 이렇게 하면 괜찮을까요?
- **나** (대충 들어도 괜찮지 않은 것 같다. 동공 지진) 혹시 이런 방향으로 바꿔보는 것은 어떨까요?
- **실무자** 저희도 그런 방향을 고민하지 않았던 것은 아닌데 그 방향은 이런저런 문제점이 있을 것 같아서요. 한번 보실래요?
- **나** 앗, 이건 정말 불편하겠네요!
- **실무자** 그 문제는 다른 팀과 한번 이야기해보시면 어때요? (다음 팀과의 회의로 이어진다.)

그동안 잘 돌보지 않아서 어려움에 처했거나 불편했던 부분이 밝혀지고, 그게 하나씩 가지를 뻗으면서 내가 일상적으로 처리할 업무를 스스로 결정하게 되고, 혹은 특별히 하고 싶은 일이 생기기도 했다. 하지만 어떤 일을 내 의지로 시작한다고 해서 그 일이 모두 잘 풀리는 것은 아니었다. 내가 놓치는 부분이 있거나 다른 사람과 의견이 충돌하는 경우도 있었고, 내가 하겠다고 시작한 일이니 누구를 탓할 사람도 없고 혼자서 끙끙대기도 했다. 일할 때 내가 어려워하는 것 중 하나가 바로 '적당히'이다. 자유로운 업무 환경에서 일하는 것은 장점도 많지만 때로는 그 자유가 적당히를 넘어서 힘든 적도 있었다. 일도 내가 스스로 시작하고, 의견도 수평적으로 교환하므로 내가 뱉은 말에 스스로 책임을 져야만 하는 분위기인 것이다. 그럼에도 계속해서 도전할 수 있다는 점이 내가 라인에 느끼는 큰 매력이다.

라인의 사람들이 자유롭게 스스로 일을 만들어나가면서도 책임감과 열린 마음을 가지고 있음을 깨달았던 LGPL과 관련된 에피소드가 하나 있다. 첫 직장에서는 주로 오픈소스 라이선스에 관련한 부분에 많은 시간을 쏟았는데 그러면서 자연스럽게 제품의 코드는 당연히 공개하면 안 된다는 인식이 깊게 박혀 있던 것 같다. 따라서 내 머릿속에는 '당연히 LGPL 라이브러리의 정적 사용은 안 된다!' 하는 생각이 있었다. 라인에서 평소와 다름없이 코드에 포함된 오픈소스를 리뷰하고 있었다. 그중 LGPL 오픈소스가 정적 연결로 사용되고 있었다. 당장 제품 출시 일정은 얼마 남지 않았기 때문에 나는 마음이 조급해졌다. 코드를 수정할 시간이 부족한데 이대로 출시를 했다가는 제품의 코드를 내놓아야 할 것이라고 걱정이 들어 급하게 개발 담당자와 회의를 하게 되었다.

나는 최대한 짧은 시간 안에 문제가 되는 오픈소스를 대체할 방안을 찾기 위해 회의를 잡았다. 그런데 정작 회의 끝에는 제품의 코드를 공개하는 것이 필요하다면 공개하는 쪽으로 결론이 났다. 생각이 바뀐 가장 큰 이유는 내 기준이 꼭 옳은 것만은 아니라는 것을 깨달았기 때문이다. 나도 논리적으로 반박을 하지 않은 것은 아니지만, 개발 리드의 설명을 듣고 생각이 바뀌었다.

"오픈소스의 힘 없이는 이 제품이 짧은 시간 안에 개발될 수 없었습니다. 따라서 이 제품도 당연히 오픈소스로 공개할 수도 있다고 생각하고 개발을 진행해왔고요. 제품 코드가 공개되어서 보안 취약점이 노출될 수 있는 부분에 대해서는 보안팀에서 책임지고 확인해줄 겁니다. 너무 걱정하지 마세요."

이 설명에는 두 가지 핵심이 있는데. 첫 번째는 오픈소스 라이선스의 의무를 파악하고 대비하면서 개발이 이루어졌다는 점이고, 두 번째는 오픈소스의 도움으로 만들어진 프로그램이 다시 오픈소스로 환원되는 것을 당연하게 받아들이는 태도를 가졌다는 것이다. 함께하는 개발자들이 너무나도 듬직하게 느껴지는 순간이었다.

이후 스스로 반성하는 시간을 가졌던 것 같다. '자유'를 기본 원칙으로 삼는 오픈소스를 다루면서, 그리고 이렇게나 큰 자유를 누릴 수 있는 라인이라는 곳에서 나만의 틀을 만들고 있었던 것 같아서 조금 부끄럽기도 했다. 다양한 의견을 수용할 줄 아는 라인의 개발 문화와 오픈소스의 정신에 더욱 깊이 공감하는 계기가 되었다.

오픈소스 개발자들의 일상

나는 라인의 개발 문화를 위해 일하는 Developer Relations 팀과 오픈소스 Armeria와 Central Dogma를 개발하는 Developer Experience 파트에 겸직으로 속해 있다. 개발하면서 '내가 짰지만 이건 대박이다. 다른 사람들이 봐줬으면 좋겠다'라든지 '이 오픈소스가 이 자리에 오기까지 어떤 과정을 거쳤을까?' 혹은 '이 오픈소스는 아무런 제약 없이 사용할 수 있는 걸까?' 등의 생각이 든 적이 있을 것이다. 라인에서는 오픈소스 매니저가 이런 고민을 듣고 도와주고 있다. 풀타임 오픈소스 개발자들과 함께 지내면서 관찰한 그들의 일상과 그에 대한 내 소감을 적어본다.

전 세계 오픈소스 개발자들과의 교류

오픈소스는 발표하기에 참 좋은 소재이다. 알듯 말듯하게 추상적인 설명으로 발표가 끝나는 것이 아니고 직접 코드를 보고 공감해볼 수 있기 때문이다. 그래서 그동안 자주 외부에 발표할 기회가 있었다. 한번은 2018년 2월 일본에서 JVM을 주제로 하는 밋업에 이희승 님 등과 참가했다. 혹시 모르는 독자를 위해 쓰면, 이희승 님은 이벤트 기반 비동기 네트워크 애플리케이션 프레임워크 네티Netty의 창시자로 자바 개발자라면 모를 수가 없는 소위 '셀럽'이다. 현재는 라인에서 Armeria와 Central Dogma를 개발하고 있다.

발표 전후로, 세계적으로 유명한 개발자 스피커들과 자연스럽게 한 공간에 모였다. 오픈소스 아카Akka 개발자였던 콘라트 말라프스키Konrad Malawski, 현재 네티 개발을 주도하고 있는 애플의 노먼 마우러 등 오픈소스 개발자들과 많은 이야기를 나눌 수 있었다. 식사도 하고 차도 마시면서 이야기를 나눈 시간을 합치면 4~5시간은 되는 것 같다.

모든 대화는 영어로 이루어졌는데 이 수다로 인해 우리 한국인들은 너덜너덜 지치게 되었다. 발표가 끝난 뒤에 우리는 슬슬 자리를 뜨려고 했지만 아직 끝이 아니었다. 발표를 듣고 궁금한 것이 생긴 청중들이 하나둘씩 모이는 것이었다. 라인 개발자들이 Armeria에 대한 기술적인 질문에 대해 대답을 하는 동안 나는 옆에서 질문하기를 기다리는 사람들과 네트워킹을 하기 시작했다. 오픈소스 매니저로 있다고 소개하면 "그럼 개발도 하시나요?", "오픈소스 매니저가 하는 일이 뭐예요?", "다음에 다른 곳에서도 밋업을 열었으면 좋겠는데 언제가 좋을까요?" 등 친절한 질문들이 이어졌다.

발표장의 문을 닫을 때인 10시가 되어서야 모든 네트워킹이 끝이 났다. 거의 10시간 동안 영어와의 사투를 벌인 우리는 모두 녹초가 된 얼굴로 만날 수 있었다. 서로의 얼굴을 보는데 너 나 할 것 없이 한참을 웃었던 기억이 난다. 지금도 사람과의 교류에 대한 주제가 나오면 이때를 회상하면서 한참을 웃는다. 그리고 영어 공부도 열심히 하자고 다시 다짐하는 것으로 이 웃음이 마무리되곤 한다.

모닝커피로 시작하는 아이디어 회의

개발팀은 주 2회 정도 아침에 카페에서 서로의 근황을 묻거나 아이디어 회의를 한다. 아이디어 회의의 경우에는 글로 주고받는 것보다는 만나서 하는 것이 낫다. 말로 생각나는 것을 바로바로 꺼내야 서로의 반응을 살펴볼 수 있고 이 과정에서 더욱 새로운 아이디어가 솟아나기 때문이다.

2019년 초에는 Armeria 커뮤니티를 더 활성화할 이벤트가 있으면 좋겠다는 안건에서 시작한 아침 티타임이 있었다. 그 자리에서 각자 의견을 내

기 시작했다. 당시 이벤트 아이디어가 나오기까지 브레인스토밍의 과정을 보면 이랬다.

- 커뮤니티를 활성화하려면 사람들이 많이 유입되어야 한다.
- 그럼 새로운 사람들의 관심을 끌만한 것이 있어야 한다.
- 그런데 새로운 사람들에게만 신경을 쓰면 기존 기여자들은 서운한 느낌이 들지 않을까?
- 그동안 한 번이라도 질문을 하거나 기여했던 사람들은 분명히 우리 프로젝트에 애정을 가지고 접근했을 텐데 정기적으로 활동하는 경우가 많지 않아서 아쉽다.
- 어떻게 하면 애정을 주기적으로 불러일으킬 수 있을까?
- 혹시 우릴 잊지는 않았을까?
- 다시 우리에게 관심을 가지게 해보자.
- 역시 돈이 최고다. 선물을 줘야 한다.

이렇게 탄생하게 된 이벤트가 바로 2019년 3월에 진행한 Armeria 기여자 리워드이다. 그동안 프로젝트에 도움을 주었던 분들께 개별적으로 인사를 드리고 선물을 보냈다. 큰 도움이 아니었는데 감사하다는 인사를 받기도 했고, 활동이 뜸했던 분들로부터 풀 리퀘스트를 받거나 슬랙Slack 메시지가 오기도 했다. 예상치 못했던 큰 반응에 정말 뿌듯했다.

일의 시작이나 진행이 아주 정교했던 것은 아님에도 좋은 성과를 낼 수 있었는데, 바로 이런 점이 우리 팀의 장점 중 하나인 것 같다. 서로의 의견을 존중한다는 점, 그리고 각자의 의견을 종합하여 빠르게 결정을 내린다는

4부 개발자라고 개발만 하나요?

점이다. 중간에 서로 주장하는 것이 다르거나 실수가 있었다고 해도 언제 그랬냐는 듯이 정리가 된다. 서로의 의견을 존중하기 때문에 실수를 빠르게 인정할 수 있고, 또 한발 물러설 수 있는 것이 아닐까?

사실 나는 처음에는 의견을 내는 것을 어려워했다. 나보다 경험이 풍부한 사람들의 의견이 옳을 테니 따르는 것이 당연하다고 생각했었다. 그런데 이따금 '왜?'에 대한 의문이 해결되지 않을 때가 있었다. 지금은 최대한 순간 순간의 대화에 집중하고 궁금한 것은 바로 질문하려고 한다. 이렇게 서로에 대한 존중을 바탕으로 한 대화는 언제나 빠르고 오해 없이 의사결정이 이루어진다.

오픈소스 개발에서 대부분의 의견 교환은 모두 글자를 통해서 이루어진다. 그래서 더더욱 오해를 만들지 않기 위한 노력이 필요하다. 결과적으로 대화와 글로 기록을 남기는 것의 적절한 조화가 참 중요하다. 그래서 항상 새롭게 결정되거나 발견되는 것이 있다면 바로 자리로 돌아와 그 내용을 글로 정리하고 있다.

코드 리뷰 따라잡기

풀타임 오픈소스 개발자는 대부분의 시간을 코드 리뷰를 하거나 개발을 하면서 보낸다. 나는 컴퓨터 공학을 전공했지만 그동안 개발자로서 일을 하지 않았기 때문에 모든 개발 내용을 이해할 수는 없었다.

그런데 풀 리퀘스트의 설명, 리뷰 코멘트, 커밋 메시지 등을 보면 내가 모르는 기술 개념 빼고는 내용을 이해할 수 있을 만큼 정리가 잘 되어 있다는 것을 알게 되었다. 오픈소스 Armeria를 지원하는 입장에서는 하나라도 더 알았으면 좋겠고 따라잡고 싶은 마음이 항상 든다. 그래서 시간이 날 때마

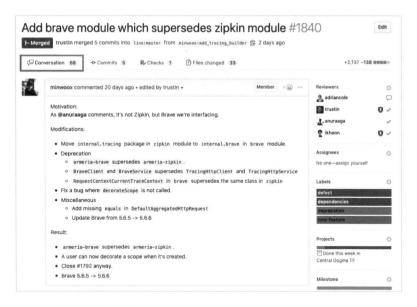

Add brave module which supersedes zipkin module #1840

— Armeria의 #1840 풀 리퀘스트

다 최근 풀 리퀘스트나 이슈를 살펴본다. 이 방법은 프로젝트의 전체 내용을 파악할 수는 없어도 최근 사람들이 어떤 방향에 관심이 있는지 알 수 있는 좋은 방법이다. 또 프로젝트 규모가 클 경우에는 어디서부터 공부해야 될지 막막한 경우가 있는데, 공부의 시작점을 제시해줄 수도 있을 것이다.

한 예로 최근 머지된 Armeria 풀 리퀘스트(#1840)를 보자https://github. com/line/armeria/pull/1840). 나는 이 풀 리퀘스트의 내용을 차근차근 읽으면서 여러 가지 공부를 할 수 있었다. 먼저 Conversation을 보면 68개의 대화가 진행된 것을 볼 수 있다.

제목을 보면 Add brave module which supersedes zipkin module이 다. brave라는 모듈이 더해지면서 zipkin 모듈을 대체한다는 내용을 알 수 있다. 그럼 이 시점에서 brave가 무엇인지, zipkin이 무엇인지 검색해보고

— 변경 사항 승인 및
Outdated로 표시된
코멘트

알아보게 된다.

또 어떤 이유Motivation에서 어떤 변경Modifications이 있었고, 어떤 결과Result
를 가져왔는지 알 수 있다. 제목을 읽을 때와 마찬가지로 본문에서도 모르
는 개념이 있으면 하나씩 찾아보면 된다. 처음에는 차근차근 따라가는 것도
어려울 수 있는데, 이는 프로젝트의 전반적인 내용을 모르기 때문이니까 너
무 좌절하지 말자.

이제 아래로 스크롤을 내려 대화를 하나씩 읽어본다. 중간에 보면 여느
풀 리퀘스트와 다름없이 코드 리뷰 코멘트가 달렸고 이 코멘트에서 지적한
내용을 해결하여 승인을 받았다approved. 요청한 사항이 모두 반영되면 기
존 코멘트는 Outdated로 숨김 처리가 된다.

이번 풀 리퀘스트의 제목의 변천사를 보면 다음과 같다. 제목만 봐도 얼

이서연   207

마나 많은 변경이 있었었는지 짐작할 수 있을 것이다.

- (처음) Add HttpTracing(Client|Service)Builder
- (변경1) Add HttpTracingClientBuilder and TracingServiceBuilder
- (변경2) Fix a bug where ScopeDecorator.decorateScope is not invoked
- (최종) Add brave module which supersedes zipkin modules

토론이 오래 지속되다 보면 처음 풀 리퀘스트의 의도와는 다른 방향으로 수정이 이루어지고, 다른 결과를 가져오기도 한다. 이 과정에는 여러 사람의 의견을 잘 정리하고 반영할 수 있도록 집중과 인내가 필요하다. 이 일이 쉽지 않다는 것을 우리 모두 공감하기 때문에, 100개 이상의 코멘트가 달린 풀 리퀘스트가 머지되는 날에는 의례적으로 케이크를 준비해 함께 축하하고 격려하는 시간을 가지고 있다.

오픈소스 사용자들과의 소통

라인 내부에서도 Armeria를 쓰기 때문에 주위 개발자들과 만나면 프로젝트에 대한 이야기를 자주 나누게 된다. 대부분의 경우는 불편한 점을 이야기하고 고쳐달라는 요구를 하거나 새로운 기능을 제안하는 내용이다. 분명히 대면하는 자리에서는 농담이 섞인 어조로 "에이 그건 어렵겠어요"라고 대답하는 일이 많은데, 어느새 보면 새로 이슈가 만들어져 있거나 금방 그 요구 사항을 반영한 풀 리퀘스트가 올라와 있기도 하다(분명 방금 전까지는 웃고 떠들고 있었는데 대체 언제…?). 이것이 오픈소스 개발의 장점 중 하나

— 슬랙으로 들어온 요구 사항(질문)

— 요구 사항을 받은 지 1시간 12분 만에 올라온 풀 리퀘스트

가 아닐까 한다. 큰 방향은 정해져 있지만, 결국 사용자들의 피드백이 가장 중요하고, 그 요구 사항을 빠르게 반영할 수 있다는 점 말이다.

그림에서 볼 수 있듯이 Armeria는 커뮤니케이션 수단으로 슬랙을 이용하고 있다. 사용자들이 국내에만 한정되어 있는 것이 아니고 세계 각지에 있는 데다 활동하는 시간이 모두 다르다 보니, 질문들이 한국 시간으로는 퇴근 시각 이후에 올라오는 경우가 많다. 오픈소스에서는 필연적으로 발생하는 일이라서 간단하게 답변할 수 있는 것은 바로 답변을 하는 편이다. 이런 노력으로 사용자층이 점점 다양해지고 넓어질 수 있었던 것 같다.

오픈소스 매니저로서
만들고 싶은 미래

사실 유일한 오픈소스 매니저로 근무하다 보니 외롭다고 느꼈던 적이 많아서, 이번 글의 시작을 '외롭다!' 하는 이야기로 쓰기 시작했더랬다. 근데 쓰면서 그동안을 돌아보니 주위의 좋은 동료들로부터 받은 도움이 끝없이 생각이 나서 외롭다는 이야기는 지워버렸다. 참 감사한 일이다. 지금 글을 쓰고 있는 이 순간에도 나의 대답을 기다리는 여러 질문이 있고, 내가 잘 챙기지 못해 불편을 겪는 프로젝트가 많다. 이런 상황을 보면 막중한 책임감에 부담도 느끼지만, 앞으로 해야 할 일들과 하고 싶은 일들이 많다는 것 또한 참 감사하다고 생각한다.

최근 2019년 공개SW컨트리뷰톤 등에 참가하며, 많은 대학생이 오픈소스에 관심을 두고 오픈소스 기여에 도전하며 활동하는 것을 보았다. 단 하나의 코멘트에도 신기해하고 감사하는 모습이 인상 깊었다. 단순히 개발자로 일하면서 경험이 쌓이면 오픈소스 기여도 쉬워질 것이라고 생각하기 십상이지만, 오히려 그 경험들이 더 방해가 되는 경우를 보았다. 활동 과정을 모든 사람이 볼 수 있다고 의식하니 '이 정도 연차에 이 정도 퀄리티는 나와야지' 하는 부담을 가지는 것 같다.

앞으로는 라인의 개발자들이 오픈소스 개발에 더 사뿐히 참여할 수 있게 하는 계기를 많이 만들고 싶다. 다양한 외부 사람들과 오픈소스를 통해 교류하는 자리를 만든다든지, 혹은 워크숍 같은 형태도 재미있을 것 같다. 결국 언젠가는 라인에 개발자로 입사한 후기에 이런 글이 올라오는 것을 기다리고 있다.

"라인에 왔더니 다들 오픈소스 개발이나 패치를 그냥 밥 먹듯이 하던데? 나도 이번에 같이 해봤는데 엄청 배울 것도 많았고 뿌듯했음."

또 이 글을 읽고 난 계기로 오픈소스에 더욱 관심을 가지게 되었다거나 오픈소스에 대해서 조금 더 쉽게 생각할 수 있었다고 한다면, 더할 나위 없이 성공이라고 할 수 있을 것 같다. 그리고 쉬운 것이 사실이다. 주저하지 말고 작은 일부터 도전해볼 것을 강력하게 권하며 글을 마친다.

테크 에반젤리스트
그게 뭐죠?

박민우

비즈니스를 좋아하는 소프트웨어 엔지니어. 개발자를 벗어나 솔루션 엔지니어링이나 개발자 마케팅 등 에반젤리스트 일을 하며 어떻게 일과 육아, 취미 코딩을 병행할 수 있을지 고민하고 있다. 라인 Developer Relations 팀에서 라인이 개발자가 일하기 가장 좋은 회사라는 것을 알리기 위해 노력하고 있다.

개발자가 되기까지

어린이라면 동네 컴퓨터 학원에서 XT 컴퓨터에 5.25인치 디스크로 부팅을 하고 GW-BASIC을 배우는 것이 유행이었던 때가 있었다. 나는 열심히 코딩해봤자 검은 바탕에 하얀 색 동그라미가 나오는 게 전부였던 개발에 별로 흥미를 느끼지는 못했다. 맨 처음 컴퓨터에 관심을 가지게 된 것은 부모님이 조립 PC를 사주면서였던 것 같다. 1990년 즈음 부모님과 용산에 PC를 사러 갔을 때 한 상인이 ALPS(현재는 사라진 브랜드) 하드디스크 100MB짜리를 추천하며 "절대로 다 채울 수 없는 커다란 용량"이라고 말하던 게 기억이 난다. 물론 그 하드를 다 채우는 것은 어렵지 않았다.

그 PC로 삼국지나 프린세스 메이커 시리즈를 즐기다 PC 툴스를 써서 세이브 파일의 헥스 값을 조작하곤 했다. 지금 생각하면 아주 간단한 일이지만 게임을 해보면서 세이브 파일의 어느 부분의 헥스 값이 바뀌는지 관찰해보고 내가 바꾸고 싶은 부분을 찾아 값을 바꾸는 일은 스릴이 있었다. 게다가 아직 학교에서 배우지 않은 16진수 변환도 스스로 공부해서 고치는 일이

멋지다고 느꼈다. 나중에는 PC통신에서 아스키 코드를 활용해 텍스트에 색을 입히거나 화면을 조작하는 일 같은 것을 배우고 공유하며 친구들과 어울리고는 했다. 컴퓨터를 좋아한다고 느끼게 되었고, 이것이 1999년 대학교를 선택할 때 컴퓨터공학과를 선택하게 된 이유가 되었다.

대학교에 들어가서는 농활에서 만난 선배의 소개로 학교 '홈페이지 운영실'에서 근로장학생으로 일했다. 학교 홈페이지를 만들고, 수많은 HWP를 HTML로 변환했다. 랜선도 깔고 리눅스도 설치하고 백업 테이프도 갈았다. 인터넷은 아직 초창기로, 새로운 것이 계속 나오고 있었고 리눅스 배포판부터 브라우저까지 시장 지배적인 단일 제품이 없었다. 개발은 Pro*C, 펄 CGI, PHP 등으로 했는데 가장 신나게 코딩을 배웠던 시절이 아닌가 싶다.

직업으로 개발자로 일한 것은 2001년부터 2013년까지 중 8년 정도다. 다양한 회사에서 일했다. 병역특례로 일했던 직원 다섯 명의 작은 회사부터 중견기업, 캐나다 회사, 대기업까지. 가끔은 개발을 잘한다는 이야기도 듣기는 했지만 그건 내가 엔지니어로서 코딩을 잘해서라기보다는 개발자치고는 요구 사항을 제시하는 사람들과 무난하게 조율을 잘했기 때문이었다고 생각한다. 컴퓨터를 좋아하는 사람으로서 무언가 만드는 것에 재미를 느꼈고 개발자가 적성에 맞는다고 생각해 직장인 소프트웨어 엔지니어로서 무난하게 성장하고 있었다.

개발자 트랙을 벗어나
개발자 마케팅의 세계로

대기업 개발자로 일하던 2010년 무렵, 소프트웨어 개발 관련 유명 파워 트위터러 @xguru의 트윗을 즐겨보곤 했다. 대기업에서 진행되는 임베디드 개발 환경은 꽤 오래된 것이었기 때문에 답답함을 느끼고 있었다. @xguru가 공유하는 글로벌 개발 세상의 트렌드와 변화는 너무나 흥미로웠다. 어느 날, @xguru가 자신과 같이 일할 사람을 뽑는다는 글을 블로그에 올렸다. 개발자 포지션은 아니었지만 @xguru와 일하면 재미있을 것 같다는 생각에 가슴이 두근거렸다. 그렇게 그 자리에 무작정 지원했고 붙어서 2011년 5월 kth로 이직하게 되었다. 당시 소프트웨어 개발이 아닌 자리라서 개발과 멀어질 수 있다는 고민은 하지 않았던 것 같다. 이 선택으로 인해 코딩하는 개발자로서의 커리어와는 멀어지게 된다.

당시 있었던 팀의 이름은 '기술전략팀'이었는데 지금 내가 일하고 있는 라인의 Developer Relations 팀과 하는 일은 많은 부분 흡사했다. 팀에서 중요한 일 중 하나는 회사의 기술을 공유하는 일이었다. 당시에는 아직 회사가 운영하는 기술 블로그나 콘퍼런스가 거의 없었다. 그래서 기술 블로그와 행사를 제대로 활용하면 개발팀에 어떤 변화가 생길 수 있는지 경험해볼 수 있었다. 당시 kth 블로그 타이틀은 '개발자가 행복한 회사 kth'였는데 2년 정도 블로그와 기술 행사가 자리 잡고 난 후에는 개발자들 사이에서 kth의 이미지가 매우 좋아졌다. 덕분에 좋은 사람들이 계속 들어오고 다양한 사내, 사외 활동이 늘어나는 선순환이 일어났다.

kth에서는 H3라는 개발자 행사를 2011년과 2012년에 주최했다. 그 행사를 준비하면서 개발자들이 기술 세션을 듣는 것은 물론, 모여서 관심 있는 주제에 대해 이야기하는 일들을 매우 좋아한다는 것을 처음 느끼게 되었다. 행사를 같이 준비하는 과정도 재미있었고, 나 자신도 OAuth 2.0을 주제로 발표를 했다. 사내 발표는 몇 번 한 적이 있었지만 외부 발표는 처음이

었다. 발표를 하면서 내가 발표를 하는 과정을 즐기는 편이라는 점과, 준비하는 과정에서 나 자신이 성장한다는 것을 알게 되었다. 개인 블로그에 기술 글을 조금씩 쓰던 것과는 또 다른 느낌이었다.

2015년 중순부터는 실리콘밸리에 있는 모바일용 데이터베이스를 만드는 스타트업 Realm에서 리모트로 일했다. 아시아 지역의 개발자 및 개발자 프로그램을 관리하는 일을 맡았다. kth에서 오픈소스 프로젝트 관련 일을 하다 알게 된 샌프란시스코에서 일하는 친구가 하나 있었다. 그 인연으로 kth가 하는 개발자 행사 때 한국에도 직접 보러 오고, 한국에 놀러 오면 내가 관광도 도와주고 하곤 했다. 그는 Realm에서 아시아를 담당할 사람이 필요하다고 계속 설득했고 난 마침내 Realm으로 옮기게 되었다.

Realm은 작은 회사였지만 한국, 일본, 중국에 각각 직원이 1~3명 정도 있었다. 나는 주로 아시아에 있는 엔지니어들을 매니징하고 다양한 마케팅 프로그램을 총괄하는 일을 했다. 아시아를 담당하는 우리 팀은 대부분 제품 개발에 참여하는 개발자였지만 아시아에 Realm이라는 개발자 대상 제품을 알리는 것도 주요 목표 중 하나였다. 이런 일을 개발자 마케팅developer marketing이라고 하는데, 개발자 대상으로 제품을 알리고 개발자들이 그 제품을 사용하게 만드는 일을 뜻한다. 일반적인 제품 마케팅과 사용하는 도구 등이 많이 비슷하기는 하지만, 개발자들의 특성과 문화 그리고 생태계를 잘 알고 그에 맞는 전략을 실행하는 데에 특화되어 있다는 점이 다른 점이다. Realm 마케팅팀은 실리콘밸리에 있어 개발자 제품이나 API를 마케팅하던 직원들이 많았다. 그래서 미국 스타트업 소프트웨어 제품의 마케팅과 세일즈 방법론을 같이 실행하며 배울 수 있었다.

라인 테크 에반젤리스트

Realm에서 라인에 테크 에반젤리스트로 이직한 것은 2018년 1월이다. 이 직군은 주로 외국계 회사에서만 찾아볼 수 있었다. 해외 IT 회사의 한국 지사는 대부분 영업과 마케팅을 목적으로 하는 곳이 많은데, 개발자를 대상으로 자사 제품을 알리고 사용자를 넓히는 역할을 하기 때문이다. 일례로 개발자들을 자사의 클라우드 위에서 개발하도록 유도하기 위해 마이크로소프트의 애저Azure나 아마존의 AWS 테크 에반젤리스트들이 활발히 활동하고 있다.

라인의 경우에는 LINE Messaging API, 봇 관련 제품, Clova Extension Kit, LINE Things(IoT 관련 제품) 등이 개발자향 제품이다. LINE이 1위 메신

저인 일본, 대만, 태국에서는, 테크 에반젤리스트가 개발자들이 이런 라인의 개발자 제품을 잘 쓸 수 있도록 개발자 행사에서 발표를 하거나 블로그, 튜토리얼, 샘플을 만들고 핸즈온 세션을 운영하는 등 개발자들을 돕는 일을 하고, 이 과정에서 개발자들의 피드백이 있으면 개발팀에 전달하는 역할도 한다.

한국에 위치한 라인플러스에는 많은 개발자가 일하고 있고 회사의 핵심적인 개발이 많이 이루어지고 있지만 라인의 개발자 제품은 대부분 해외에 조금 더 집중되어 있다. 그래서 같은 타이틀을 가지고는 있지만 일반적인 테크 에반젤리스트가 하는 일의 목표와 한국의 테크 에반젤리스트로서 내가 하는 일의 목표는 좀 다르다. 나는 한국의 개발자 생태계 안에서 많은 개발자에게 라인이라는 회사에 대해서 더 잘 알리고 관심을 가지게 해서 우수한 개발자들이 계속 라인이라는 회사에 들어올 수 있도록 한다. 대내적으로는 사내 개발자 간 기술 공유가 원활하게 이루어지게 하고 개발자 문화를

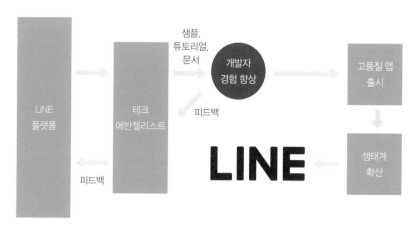

— 테크 에반젤리스트를 중심으로 본 라인 개발자 생태계

정착시켜 라인이 외부 개발자 커뮤니티와 잘 소통할 수 있도록 지원한다.

한국에 있는 다양한 기술 행사에서 라인의 개발자 문화를 알리고 라인에 오면 할 수 있는 재미있는 프로젝트가 아주 많이 있다는 것을 알리는 발표 세션을 가지기도 한다. 나도 라인에 입사하기 전에는 라인이 메신저 이외에 어떤 서비스를 하는지 거의 알지 못했다. 입사하고 알게 되었지만 라인은 소셜 네트워크 서비스는 물론이고 음악, 만화, 뉴스, 배달, 쇼핑, 페이 등 정말 다양한 사업을 하고 있었다. 이런 여러 서비스를 위한 다양한 플랫폼과 LINE 메신저 등을 한국, 일본 등 여러 지역에 있는 개발자들과 다 함께 개발하는데 이를 위해서는 물론 한국에서도 훌륭한 개발자가 많이 필요하다.

라인과 같이 커다란 개발 조직을 운영하기 위해서는 내부 개발자들의 소통과 성장을 지원하기 위한 다양한 행사도 필요하다. 소프트웨어 개발자는 직업 특성상 새로운 기술을 계속 배워야 한다. 다양한 커뮤니케이션 채널, 사내 토크, 외부 개발자 초청 등 기술 공유 문화가 잘 자리 잡혀 있어야 개발자들이 만족하고 성장할 수 있다. 또한 외부 커뮤니티와의 접점을 잘 관리하고 외부에서 기여할 수 있는 채널도 필요한데, 이런 역할을 하는 것이 내가 속해 있는 Developer Relations 팀이다. 여기서 나는 다양한 사내/사외 개발자 행사와 블로그, 소셜, 발표 등 소통 채널을 만들고 가꾸고 지원하는 일을 한다. 물론 외부에서 라인에 대한 이야기를 듣고자 하는 개발자들이 있으면 직접 찾아가 소개하기도 한다.

테크 에반젤리스트가 되려면

evangelist의 사전적인 의미는 '전도사'이다. 그래서 테크 에반젤리스트를 '기술 전도사'로 옮기기도 한다. 최근에는 개발자 지지자 developer advocate 라고 하기도 한다. 앞에서 썼듯 개발자를 대상으로 기술을 시장에 전파하고 확산하는 역할을 하지만, 기존의 기술 영업처럼 매출 목표를 가지고 있지는 않으며, 마케팅이나 교육 같은 방법을 주로 사용한다. 개발자들을 이해하고 소통해야 하기 때문에 소프트웨어 개발을 할 수 있어야 하지만 코딩보다는 글이나 발표를 통해 기술 공유를 하므로 개발 관련 다양한 커뮤니케이션을 즐기는 사람들에게 적합한 일이다. 지금까지 일하며 사람들을 만나다 보면 이 직업이 어떤 사람에게 적합한 일인지 궁금해하는 사람이 많이 있어 이에 대한 답변을 글로 정리하고자 한다. 테크 에반젤리스트의 활동은 회사마다 다르기 때문에 이 내용이 모든 경우에 적용되진 않을 것이다. 한 사람의 경험에 기반한 내용임을 감안하고 읽어주기 바란다.

소프트웨어 개발을 즐기기

개발자들과 이야기하다 보면 소프트웨어 개발을 진짜 좋아하는 사람과 아닌 사람은 금방 구분할 수 있다. 개발자는 개발자를 금방 알아본다. 테크 에반젤리스트는 코딩을 하는 것이 주 업무가 아니므로 아무래도 개발자만큼 깊은 레벨의 스킬을 유지하기는 어려울 수 있다. 하지만 소프트웨어로 뭔가 만드는 것을 즐기는 사람이어야 계속 변화하는 기술을 이해하고 개발자들과 소통할 수 있다.

나는 개발자일 때는 C, 자바, PHP, 자바스크립트 등을 다뤘고, 현재는 파이썬으로 취미 프로젝트 개발을 하고 있다. 아무래도 제한된 시간 내에 빠른 결과물을 내기에는 파이썬이 가장 좋은 언어이고 또 다양한 개발에 활용할 수 있어서 그렇다. 짬짬이 시간을 내 코딩을 놓지 않는 것은 소프트웨어 개발 트렌드를 따라가고 만들어보면서 개발자들과 이야기하는 데 꼭 필요한 일이기 때문이다. 개발을 좋아하는 사람이 아니라면 다른 일에 바빠서 코딩을 할 시간을 내기가 어렵다.

기술 공유의 즐거움을 알기

H3 개발자 콘퍼런스에서 처음으로 기술 발표를 해보고 관련 글을 블로그에 썼던 게 2013년이다. 아직까지도 이 글에는 잘 봤다는 댓글이 가끔 달리는데, 그 사건으로 내가 기술 공유의 즐거움을 처음으로 느꼈던 것 같다. 물론 내가 해당 주제를 아주 잘 알아서 발표했던 것은 절대로 아니다. 실제로 더 많은 지식과 경험을 가진 분들이 많이 있지만, 시간과 노력을 들여서 그 내용을 글로 옮기고 사람들 앞에서 공유하기 위한 준비를 하는 것은 또 다른 가치 있는 일이다. 모든 분야가 그렇지만 소프트웨어처럼 빠르게 새로운 것이 나오는 분야에서는 같은 내용을 다양한 방식과 관점으로 정리한 자료들이 많은 사람에게 큰 도움이 된다.

하지만 기술 공유를 통해 가장 많이 배우는 사람은 역시 발표자 혹은 글을 쓰는 본인이다. 가르치는 것이 가장 좋은 배우는 방법이라는 말이 있듯이, 내가 안다고 생각해서 글로 정리하기 시작하면 더 많은 것을 정확하게 공부하게 된다.

기술 공유는 다른 사람, 또 나 자신의 성장에 도움이 되는 것은 물론이고, 공유를 통해서 사람들의 의견을 듣고 소통하게 되므로 거기서 다양한 사람과의 관계가 형성된다. 냉철한 피드백을 통해 내가 성장하기도 하고, 그 주제에 대한 비즈니스 기회가 생기기도 하고, 채용으로 연결되기도 한다. 무엇보다 같은 주제에 관심 있는 사람들과 이야기할 기회가 생긴다는 것이 가장 큰 즐거움이다.

기술을 주제로 사람들과 만나기

혼자, 또는 회사에서 만나는 개발자들의 숫자는 아무래도 제한되어 있기 마련이다. 그런데 사람들과 만나서 기술을 글이나 발표 형태로 공유하고 이 야기를 나누는 과정에 재미를 느끼는 사람들이 있다. 또 소프트웨어는 조금 특이해서, 개발이 일이기도 하면서 취미이기도 한 사람이 많다. 노트북 하나만 있으면 할 수 있다는 특징 때문일 수도 있겠다. 이런 개발자들은 평일 저녁이나 주말에 소프트웨어 이야기를 하고 코딩하는 것을 일로 받아들이는 것이 아니라, 거기에서 재미를 느끼고 취미로서 코딩을 하곤 한다.

이런 사람들은 작은 기술 밋업, 또는 규모를 키워서 파이콘 같은 콘퍼런스를 만들게 되고, 그러다 보면 사람들과 어떻게 기술을 주제로 교류하는 것이 좋은지에 대한 아이디어와 경험이 쌓이게 된다. 콘퍼런스 외에도 다양한 밋업, 스터디, 해커톤 등이 꽤 많이 열린다. 나 역시 2014년 파이콘에 참석했을 때 행사가 너무 재미있어서 다음엔 같이 준비해보면 재밌겠다는 생각을 했다. 그래서 2015년부터 2017년까지 준비위원회 활동을 했다. 시간도 많이 들고 때로는 많이 힘들기도 했지만 같은 것을 좋아하는 사람들끼리 만나고 이야기하는 자리였기 때문에 즐거웠다. 기술 행사에서 자원봉사든 발표든, 활동할 기회가 있으면 꼭 해보길 추천한다.

기술 뉴스를 좋아하기

테크 에반젤리스트는 회사의 개발자 제품을 활용할 다양한 방법을 알고 있고 또 제안할 수 있어야 한다. 어떤 새로운 기술이 유행하는지를 파악하고 간단한 구현을 할 수 있다면 더 많은 사람에게 기술을 알리는 데 도움이 된다. 새로운 기술에 대한 호기심은 많은 개발자가 가지고 있다. 다만 누군 가는 얼리버드로서 더 빨리 시도해보고, 누군가는 기술이 성숙한 이후에만 쓴다. 테크 에반젤리스트는 회사의 새로운 제품이 아직 완벽히 안정화되어 있지 않더라도 먼저 써보고 피드백을 주는 역할을 한다. 자사의 기술뿐 아 니라 다른 회사의 기술에 대한 뉴스들도 빠르게 받아들이고 그 기술들 중 어떤 것이 어떤 과정을 거쳐서 성공하게 되는지 많이 보고 이해하는 것이 좋다. 일 때문이 아니더라도 다양한 기술에 대한 뉴스를 이해하고 트렌드를 파악하는 것은 필요하다.

나는 기술도 좋아하지만, 기술을 가지고 어떤 제품을 만들 수 있고 또 제 품이 실제 매출로 어떻게 연결되는지 등 시장의 사례들을 보는 것을 좋아한 다. 많은 개발자 제품이 너무 기술에만 집중한 나머지 시장에서 좋은 반응 을 얻지 못하는 경우가 많다. 개발자들은 엔지니어지만 그 기술이 결국 성 공하려면 돈을 벌 수 있는 제품을 만드는 데 기여하는 것이 중요하기 때문 이다. 실제 매출로 연결되는 제품을 만들도록 엔지니어가 마음 편하게 기술 에 집중할 수 있게 하는 역할이 테크 에반젤리스트의 역할이다.

영어는 얼마나 잘해야 할까?

소프트웨어 업계에서 다양한 문서를 받아들이고 커뮤니케이션하려면 공 용어인 영어를 잘하면 좋다. 특히 테크 에반젤리스트로서 다양한 사람과 커 뮤니케이션할 때 영어는 꽤 유용한 도구이다. 나는 '영어를 할 줄 아는 개발 자'이기는 하지만 아주 잘하는 것은 아니다. 회사에서 업무를 처리하거나 미팅 및 발표에 필요한 영어를 구사하는 데에는 큰 지장이 없는 수준이다.

영어에 대한 고민을 가지지 않은 개발자는 얼마나 될까? 아마 누구나 가지고 있을 것이다. 영어를 잘하기 위해서는 당연하게도 영어에 자꾸 노출되는 환경을 만드는 것이 중요한데, 개발자는 다른 직종보다 영어에 노출되기에 좋은 환경을 만들기가 쉬운 편이다. 우리가 접하는 소프트웨어의 문서 대부분이 영어로 되어 있고, 개발 언어와 명령어도 모두 영어다. 개발자로서 일한다면 '영어를 피하지 않는 것'만으로도 영어가 꾸준히 늘 수 있다고 생각한다.

엔지니어들과 같이 성장하려는 마음

테크 에반젤리스트는 직업인으로서 회사와 회사의 제품을 알리는 일을 하지만 결국 이 과정은 개발자들과 함께 성장하는 과정이다. 개발자들을 위한 글을 쓰고 발표를 하고 행사를 하면서 개발자들을 진정으로 좋아하고 같이 성장하고자 하는 마음이 없다면 사람들은 바로 알아채고 그 제품에서 멀어지게 된다. 따라서 다양한 채널로 개발자와 기술을 매개로 성장하고, 재미있게 무언가 만드는 것이 서로의 성장과 비즈니스의 성공으로까지 연결될 수 있다는 확신이 필요하다.

개발자, 그들의 커리어에 대한 단상

소프트웨어 산업이 성숙해지면서 이 업계도 다변화되며 다양한 기회가 존재하고 있다. 그 속에서 개발자들은 어떻게 커리어를 만들어갈 수 있을까? 이 분야에서 10년 정도 다양한 직무를 맡아보며 생각하고 고민했던 부분을 두서없이 정리해본다.

닷컴 버블 시절에는 '개발자, 디자이너, 기획자 3명만 있으면 투자받을 수 있다'라는 말도 있었다. 소프트웨어 산업이 워낙 새로운 세상이었기 때문이다. 개발자라는 직업도 세분화되어 있지 않았다. 건축이나 의료, 운송 같은 전통적인 산업과 비교해서는 물론이고 비교적 최근에 발전한 공업 계열 산업인 전/화/기(전자, 화학, 기계) 업계보다도 더 역사가 짧은 것이 소프트웨어 산업이다.

하지만 소프트웨어가 모든 산업 분야에 영향을 미치게 되고, 소프트웨어 산업 규모가 커지면서 개발 조직 안에서의 역할도 다양해지고 전문화되고 있다. 아무래도 소프트웨어 선진국인 미국에서 이런 분류들이 먼저 생기고 다른 나라들에도 자리 잡는 경우가 많다. 테크 에반젤리스트도 애플, 마이크로소프트 등에서 먼저 생기기 시작했다. SRE, 그로스 해커growth hacker, 애자일 마스터 등 기존에 없던 새로운 직종이 생겨났다. 한국에서도 라인뿐 아니라 소프트웨어를 주요 제품으로 하는 회사들이 성장하며 다양한 소프트웨어 관련 직종이 생겨났다. 라인에 있는 소프트웨어 관련 직무들만 보아도 개발자 외에 테크 리드tech lead, 오픈소스 매니저, TPMtechnical project manager, 그로스 해커, 품질 엔지니어quality engineer, 기술 교육 담당자 등이 있다.

2010년대 초반, '개발자가 40세 넘어서도 코딩할 수 있는가'가 논쟁거리가 되었다. 소프트웨어가 워낙 빨리 발전하다 보니 어느 정도까지는 개발자도 계속 스킬이 늘지만 기술은 결국 정체기를 맞고 낡은 것이 되어버린다.

그러면 새로 나온 기술을 배워야 하는데, 학습 시간은 부족하고 머리도 예전 같지 않다. 반면 새로 개발자가 된 친구들은 새로 나온 트렌드를 빠르게 흡수하면서 코딩하는 손도 빠르다.

2019년 현재는 그런 논쟁이 예전만큼 많이 보이지 않는 듯하다. 실제로 업계에는 엔지니어들의 전체 수요보다 공급이 부족하고, 시니어 개발자의 가치에 대해서도 필요하다는 인식이 커졌기 때문이다. 소프트웨어가 더 커지고 복잡해지면서 실패 없이 정확히 동작하는 제품을 만들 수 있는 시니어 개발자의 수요는 계속 늘고 있다. 이제는 마흔 넘은 개발자들을 이곳저곳에서 많이 볼 수 있다. 한국은 소프트웨어 산업의 역사가 워낙 짧기 때문에 젊은 사람이 더 많긴 하지만 그들이 나이를 들어가며 이제 연령대의 스펙트럼이 넓어지는 과정에 있는 중이다.

게다가 개발자로 일하다 코딩에서 좀 멀어지더라도, 앞에서 쓴 것처럼 갈 수 있는 다른 소프트웨어 직군도 많이 늘어났다. 소프트웨어 전문가를 필요로 하는 산업 분야 역시 계속 늘고 있다.

기술 공유를 통해 성장하는 개발자

모든 개발자가 블로그를 운영하고, 기술 행사에서 발표를 하고 네트워킹 행사에서 교류를 해야 하는 것은 물론 아니다. 드러나지는 않지만 많은 고수 엔지니어가 자신의 자리에서 실력을 쌓아가고 있다. 하지만 빠르게 변화하는 소프트웨어 업계에서 계속 배우고 자신을 성장시킬 유용한 방법 중 하나가 기술 공유 활동이다.

거듭 말하지만 이 글을 읽는 개발자 분들은 글을 쓰거나 발표할 기회가 생기면 그 기회를 잘 활용했으면 한다. 부족하지만 기술 블로그를 운영하면서 알게 된 점은, 내가 잘 알고 있다고 생각했던 것들도 글로 남기기 위해 더 많은 공부를 하게 된다는 것이다. 단편적으로 알고 있던 내용을 글로 적다 보면 하나의 맥락으로 연결시키게 되면서 더 잘 기억에 남게 된다. 발표를 준비할 때도 마찬가지다. 유명 블로거인 변정훈 님은 블로그를 쓰는 이유 중 하나가 '미래의 나 자신을 위해서'라고도 했다. 자신이 지금 공부한 것을 미래에 다시 찾아볼 때 블로그만 한 것이 없으며, 또 에버노트 같은 곳에 메모로 간단하게 적는 것보다 블로그에 적어두어야 나중에 실제로 써먹을 수 있는 형태의 지식이 된다고 한다.

Realm이나 라인을 다니면서 놀랐던 점 중 하나는 일본에서는 한국보다 훨씬 많은 소프트웨어 기술 글이 쓰이고 많은 행사가 열린다는 점이다. 기본적으로 우리나라보다 인구가 많기는 하지만, 다양한 지역에서 다양한 주제로 열리는 기술 행사, 많은 양의 기술 문서와 블로그 등이 일본의 기술 글 공유 사이트인 키타를 비롯해 다양한 채널로 공유되는 문화가 자리 잡고 있다. 우리나라도 매년 열리는 다양한 기술 행사가 양적인 면에서나 다양성 면에서 늘어나고 있고, 또 한국어로 된 좋은 글도 점점 많이 보이고 있다. 이런 것들이 누적되면 한국의 소프트웨어 업계가 계속 커나갈 수 있는 바탕이 되고, 그 안에서 일하고 있는 우리도 더 성장할 수 있을 것이다.

모든 곳에 소프트웨어가 있다

예전에 비해 훨씬 많은 산업 분야에서 소프트웨어가 사용되고 있다. 음식 배달, 금융, 물류, 택시 호출, 도서관, 식당 키오스크와 같이 우리 생활 곳곳에서도 소프트웨어가 활용되는 분야가 늘어나는 것이 눈에 보인다. 소프트웨어가 모든 산업 경쟁력의 핵심 요소로 자리 잡았다는 것을 오래된 산업의 의사결정자들도 하나씩 인정해나가고 있다. 자사의 핵심 경쟁력을 위해서는 소프트웨어 전문가를 직접 고용해야 하기에, 엔지니어가 없었던 치킨 프랜차이즈, 택배 회사, 자동차 회사 등에서도 개발자들을 찾고 있다. 앞으로 소프트웨어 엔지니어가 더 다양한 산업 분야 곳곳에서 더 다양한 직무로 일하는 모습을 보게 되기를 바란다.

개발자 커뮤니티와 함께
성장하다

배권한

파이썬과 커뮤니티를 사랑하는 엔지니어. 파이콘을 한국에 정착시켰으며 일단 저지르고 보는 사람. 현재는 Service Engineering 팀에서 라인의 모든 서비스에 대한 온갖 문제를 같이 고민하고 해결하고 여전히 일을 저지르고 있다.

파이썬, 그리고
커뮤니티와의 첫 만남

파이썬을 사용한 지 20년 즈음 된 듯하다. 2001년 다니던 회사에서 리눅스 배포판을 만들었는데, 그때 아나콘다Anaconda라는 인스톨러를 접할 기회가 있었다. PHP와 펄을 주력으로 사용하던 내게 파이썬은 새로운 충격이었다. 파이썬에는 많은 기능이 내장되어 있었고 다양한 라이브러리를 쉽게 사용할 수 있었다. 내 성격 때문일 수도 있겠지만, 당시에는 남들이 잘 사용하지 않는 언어라는 점도 좋았다. 파이썬을 쓰면 TCP 서버를 손쉽게 만들 수 있었고, 대용량 메시지 큐 비슷한 것이나 채팅 서버 같은 것도 쉽게 만들 수 있었다. 자바처럼 무겁지도 않고 빌드도 필요 없었으며 구현도 빨랐다. 꿈같은 언어였다.

하지만 내가 파이썬에 빠지게 된 결정적인 계기는 커뮤니티 때문이었다. 당시 내가 주로 참여하던 커뮤니티는 리눅스 기반의 친파이썬 환경이었는데, 파이썬에 대해 궁금한 것이 생길 때마다 커뮤니티의 여러 사람이 친절히 답해주고 궁금증을 해결해주었다. 커뮤니티를 통해 파이썬 컨트리뷰터를 포함한 많은 사람과 알게 되었고, 서로 새로운 기능에 대해 소개하고 코드도 알려주니 커뮤니티에서 활동하는 게 신나고 좋았다.

내가 커뮤니티 활동을 시작한 2000년대 초반은 리눅스가 한국에 처음 도입되던 시기였다. 리눅스의 아버지 리누스 토르발스, 자유소프트웨어를 주창한 리처드 스톨먼, 그리고 위대한 해커 에릭 레이먼드가 활발하게 활동하던 때였다. 사람들은 마이크로소프트 타도를 외치며 리눅스 커뮤니티로 모여들었다. 에릭 레이먼드가 지은 『성당과 시장』(한빛미디어, 2015)을 읽고 오픈소스 공동체를 꿈꾸며 같은 생각을 가진 사람들이 모여 활발히 의견을 나누고 적극적으로 소스를 공유했다. 나도 커뮤니티에서 사람들과 함께 커널을 컴파일하고 리눅스와 프로그램 설치법을 공유하면서 많은 사람과 친해졌다.

커뮤니티는 딱딱하고 경직되었던 기존의 사회 문법과는 달랐고 오픈소스 공동체 의식에 심취된 나는 더더욱 커뮤니티 활동에 빠져들게 되었다. 당시 여러 기술 세미나에서도 기술 공유가 이루어지고는 했지만, 정장을 입은 회사원들이 연상되는 딱딱한 분위기였다. 하지만 리눅스의 기술 세미나는 달랐다. 누구나 참석이 가능했고 기회가 닿는다면 직접 주최도 할 수 있었다. 지금도 오픈소스 소프트웨어 커뮤니티 활동을 활발히 하는 권순선 님이 한국에서 해커톤을 처음 시작했을 때는 나도 스태프로 참여하기도 했고, 국내에서 가장 크고 역사 있는 오픈소스 커뮤니티인 KLDP의 서버 관리를 지원하기도 하는 등 열심이었다. 당시 리눅스는 정말 대세였다. 수많은 리눅스 커뮤니티가 생겨났고 또 사라졌다.

초기 커뮤니티를 겪으며
느낀 점

리눅스와 파이썬 커뮤니티는 개발자로서 계속해서 성장하는 데 큰 영향을 주었다. 나는 리눅스와 파이썬을 포함한 오픈소스 공동체 혹은 커뮤니티를 통해 성장해왔고 실제 커뮤니티를 통해 얻고 배운 것으로 취업도 한 사람이었다. 커뮤니티에는 다양한 경력과 배경의 사람들이 모여 있었고 덕분에 넓고 다양한 영역을 익히고 배울 수 있었다. 무엇보다 리눅스와 파이썬을 이용해서 끊임없이 무엇인가를 만들고 고치고 개선하고 부쉈다.

초기부터 여러 커뮤니티에서 꽤 오랜 기간 꾸준히 활동하는 동안 수많은 사람을 만났고 이런저런 일도 겪게 되었다. 커뮤니티를 처음 만들고 운영할 때에는 대부분의 사람이 좋은 의도로 시작하지만, 많은 커뮤니티가 여러 가지 이유로 끝까지 유지되지 못하고 사라져버리기도 했다. 예를 들어 어느 커뮤니티에서는 커뮤니티가 점점 성장하면서 외부 단체와 함께 사업을 하기도 했는데, 사업을 통해 받은 돈에 얽힌 문제가 발생하기도 했다. 또 어떤 경우는 커뮤니티를 운영하는 사람들끼리 개인적으로 서로 너무 친해진 나머지 무심결에 서로 상처를 주는 일도 있었다. 또 다른 몇몇 커뮤니티의 창립자들은 커뮤니티가 자신이 처음 만든 것이니 마음대로 운영할 수 있고 심지어 그들의 독단으로 커뮤니티를 사고팔 수도 있다고 생각했다. 이런 상황들을 전해 듣거나 직접 겪고 나서는 커뮤니티를 운영하고 참여하는 것에 대해서 겁이 나기 시작했다.

이러한 이유로 시간이 흐르면서 커뮤니티는 점점 줄어들었다. 몇 개를 빼고는 회사에서 운영하거나 상업화된 콘텐츠만을 제공할 뿐, 초기 커뮤니티들에서 느꼈던 공동체 의식은 점점 사라져가는 듯했다. 많은 리눅스 커뮤니티는 상업화되었고, 초기부터 유지되던 커뮤니티들도 새로운 사람들의 유입이 멈추고 정체되어갔다.

당시 나는 모 개발사에서 리눅스로 서버를 돌리고 파이썬으로 프로그램을 짜서 서비스를 만들며 월급을 받고 있었다. 커뮤니티에서 배운 것들로 내가 이렇게 돈을 받으며 개발도 할 수 있었다고 믿었기에, 내가 커뮤니티를 통해 받은 것을 돌려주고 싶었다. 초기의 많은 커뮤니티가 정체되어가는 것을 보며 안타까웠고, 초기에 느꼈던 공동체 의식도 다시 느끼고 싶었다.

나는 리눅스와 파이썬 커뮤니티를 주력으로 활동하고 있었는데 리눅스 커뮤니티들은 이미 탄탄하게 자리를 잡은 상태였기에 내가 크게 기여하거나 새로운 바람을 일으키기는 어려워 보였다. 그래서 자연스럽게 파이썬 커뮤니티로 눈을 돌렸다.

내가 파이썬 커뮤니티를
만들어야겠다

회사에서 파이썬으로 업무를 하는 동안에도 파이썬 커뮤니티를 통해 많은 도움을 받곤 했었다. 커뮤니티에서 파이썬을 계속해서 공부했고 덕분에 라이브러리와 프레임워크를 많이 알게 되었다. 개발자로서 파이썬의 철학도 마음에 들었다. '명시가 암시보다 낫다', '단순함이 복잡함보다 낫다' 등 파이썬의 철학에 공감하게 되면서 더 많은 사람이 파이썬을 사용하면 좋겠다고 생각했다.

그 당시 한국에서는 자바 이외의 프로그래밍 언어를 쓰는 사람이 아직 적어서, 파이썬 같은 언어를 다루는 사람을 회사에서 찾고 싶어도 구하기가 쉽지 않았다. 나는 당시 이미 많은 일을 파이썬으로 하고 있었는데, 새로운 것을 함께 만들고 싶어도 파이썬이 가능한 동료를 찾기도 어려웠다. 나를 위해서라도 내가 좋아하는 파이썬을 널리 제대로 알려야겠다는 생각을 하게 되었다.

파이썬 컨트리뷰터인 장혜식 님이 2002년부터 운영해오던 '파이썬 마을'이라는 온라인 커뮤니티가 있었는데 2013년쯤 서버 관리 이슈로 서비스가 완전히 다운되고 말았다. 나는 바로 페이스북에 파이썬 코리아 페이스북 그룹을 만들고 사람들을 모으기 시작했다. 하나둘 사람들이 그룹에 가입하고, 함께 파이썬에 대해 이야기를 나누고 정보도 공유하며 커뮤니티가 서서히 모양을 갖추기 시작했다.

하지만 커뮤니티 멤버들이 전부 이미 알고 지내던 지인들 위주였다는 점이 내 고민이었다. 새롭게 참여하는 멤버가 적었기 때문에 지인 위주의 커뮤니티로 운영되다가 이대로 자칫 커뮤니티가 없어지는 것은 아닌지 불안했다. 커뮤니티는 다양한 사람이 참여하고 다양한 정보가 공유되어야 한다. 그렇지 않으면 어느 순간 정체되고 확장이 불가능해진다. 확장이 안 된다면 새로운 정보도, 새로운 사람이나 일자리를 만드는 것도 불가능하다. 위기감을 느끼기 시작했다.

첫 번째 파이콘 한국이
열리기까지

어떻게 해야 할지 고민하던 중 JCO(당시 자바 커뮤니티 연합회)처럼 콘퍼런스를 열면 어떨까 하는 생각을 했다. 콘퍼런스를 하면 많은 사람에게 커뮤니티를 알리고 단기간 내에 새로운 사람들을 모으기에 용이할 것 같았다. 그래서 파이썬과 관련된 콘퍼런스를 찾아보니 파이콘PyCon이라는 것이 있었다.

파이콘은 파이썬 콘퍼런스Python Conference를 줄인 이름으로 파이썬을 사용하는 사람들이 모이는 연례 콘퍼런스다. 2003년에 미국에서 처음 시작되었고 이제는 세계 각지에서 열리고 있다. 파이썬 소프트웨어 파운데이션이 주도하는, 커뮤니티에 의해서 열리는 콘퍼런스이고, 초보부터 코어 개발자까지 다양한 사람이 참가한다. 전통적인 행사들처럼 연사자만 발표를 하고 끝나는 것이 아니라, 콘퍼런스에 오는 사람들이라면 누구나 참여할 수 있는 프로그램이 많다. 실습으로 배울 수 있는 튜토리얼, 많은 정보 교류가 가능한 OST, 파이썬의 기능을 같이 만들어볼 수 있는 스프린트 등이 있었다. 나는 파이콘에 대해서 검색하며 정보를 모아갈수록 '그래, 이거다'라는 생각이 들었다. 한국에서 파이콘을 내가 열어보자. 파이썬을 함께 익히고 만들어나가며 확산할 좋은 기회가 될 것 같았다.

일을 벌일 땐 도메인부터 구매해야 한다는 엔지니어의 본능에 따라서, 2012년 다행히 아직 구매가 가능했던 pycon.kr이라는 도메인부터 샀다. 그리고 곧장 당시 커뮤니티 멤버들과 채팅으로 만날 약속을 잡았다. 퇴근해서 파이썬 이야기나 하자고 했더니 모두가 흔쾌히 약속 장소인 건대입구역의 어느 맥주 가게로 모였다. 나는 맥주를 마시며 파이썬 커뮤니티에 대한 나의 고민을 털어놨고 파이콘을 같이 열어보자고 했다. 많은 사람이 모였고 이미 잘 아는 사람들이라 설득도 잘된 것 같았으며 맥주 몇 잔에 한껏 기분이 좋아진 나는 분위기에 취해서 첫 번째 파이콘이 잘될 것만 같았다.

하지만 지금 생각해보면 어리석게도, 왜 해야 하는지에 대해 설득하지 못했고, 막연히 하자고만 했지 실제 진행을 위한 구체적인 실행 방안이나 일정 등을 정하지도, 담당자를 정하지도 않았다. 그렇기 때문에 진행이 안 되는 것이 당연했다. 서로 워낙 친한 사이다 보니 내가 일방적으로 푸시하기도 어려웠다. 그렇게 시간만 흐르고 있었다.

그러던 중 라인에 다니던 멘토의 소개로 라인에 입사하게 되었다. 2013년 5월이었다. 당시 라인은 1억을 조금 넘는 유저를 지닌 상태였고 급격한 확장을 하던 시기였기에 너무나 바빴다. 회사 일로 바빠 내 머릿속에서 파이콘은 점점 잊혀갔고 초기에 모았던 준비위원들도 다들 각자의 일로 바빴다. 누군가가 이끌지 않는다면 제대로 진행될 리가 없었다. 내가 할 수 있는 일이라곤 1년 전에 구매해둔 도메인의 만료가 다가오자 사용 기한을 일단 연장한 일뿐이었다.

그러다 도쿄 시부야에 있는 라인 오피스로 2주 정도 출장을 가게 되었다. 당시 라인은 글로벌 시장에서 급격한 성장 중이었기 때문에 해외 출장이 잦았다. 그때 내가 있는 주말에 도쿄에서 PyCon APAC(아시아 태평양 지역에서 열리는 파이콘)이 열린다는 사실을 우연히 알게 되었다. 한국에서의 파이콘 진행이 계속해서 미뤄지고 있었기 때문에 절망적인 마음이 컸던 나는 다른 나라의 파이콘은 어떨지 보기 위해 꼭 참가해보기로 했다.

일본어라고는 '나마비루 구다사이(생맥주 주세요)'만 가능한 나는 주로 영어 세션을 골라 들었다. 프로그램 리스트를 살펴보니 APAC 커뮤니티 패널 토론이 있었다. 파이콘을 개최하는 싱가포르, 대만 그리고 일본 파이콘 팀이 패널로 이야기를 하고 있었다. 커뮤니티 패널 토론에서 일본, 홍콩, 대만, 싱가포르, 홍콩 등 다들 자기 나라의 파이썬 커뮤니티와 파이콘에 대해서 이야기를 했다. 어떻게 파이콘을 열었으며 지금 조달이나 회장을 구하는 법도 이야기를 나눴다. 어떻게 하면 더 많은 사람을 유치할 수 있을까에 대해서도 토론하고 있었다. 패널 중 한 명이 혹시 지금 이 자리에 다른 나라에서 온 사람이 있느냐고 묻자 몇 사람들이 손을 들었고, 나도 용기를 내서 손을 들고 한국에서 왔다고 말했다. 그리고 그 자리에서 나도 모르게 "한국에서도 파이콘을 열고 싶다"라고 말해버렸다. 덕분에 나는 이후 패널들과 이메일 주소를 교환했고 궁금한 점이 있으면 연락하기로 했다.

여러 나라에서 파이콘을 준비하는 사람들 앞에서 한국에서도 열겠다고 공표해버렸으니, 다시금 잘해보려고 마음을 다잡았다. 또 도쿄 파이콘 APAC을 다녀와보니, 다른 나라 파이콘도 가보고 싶다는 생각이 들었다. 며칠간 자리를 비워야 하니 미리 아내에게 4월에 미국에서 열릴 파이콘 2014에 가고 싶다고 설득을 시작했다. 몇 번의 설득 끝에 아내의 허락을 받아낸 나는 신나게 참가 준비를 시작했다. 그런데 얼마 지나지 않아 갑자기 아내가 둘째 아이를 가졌다고 알려왔다.

사실 그 전까지 콘퍼런스 일정에 대한 급박함은 없었다. '하다 보면 어떻게든 되겠지'라는 생각이었다. 하지만 둘째가 생겼다는 말을 듣는 순간 자동으로 급박한 데드라인이 정해져버렸다. 둘째 아이가 태어나면 육아에 전념해야 해야 할 테니 한국에서 첫 파이콘을 준비하는 것은 영영 불가능할 것 같았다. 갑자기 조급해졌다. 둘째가 태어나기 전에 파이콘 한국 1회를 무조건 마쳐야 했다. 이렇게 미루다가는 영원히 파이콘 한국을 못 할 것 같았다.

아내가 임신한 상태였기에 미국까지 오가기 위해 며칠이나 시간을 비워야 하는 미국 파이콘은 도저히 무리였다. 한국 개최 준비를 위해서 꼭 다른 나라의 파이콘을 직접 가보고 싶었던 나는 미국 대신 가까운 대만에서 열릴 파이콘에 참가하기로 마음을 먹었다. 하지만 행사를 얼마 남기지 않은 시기에 갑자기 대만에 가기로 결정한 것이다 보니, 1인용 티켓은 이미 매진이었다. 남은 것은 3명짜리 그룹 티켓이었다. 나는 같이 파이콘 한국을 준비했던 지인들을 설득했고, 결국 파이썬 여성 사용자 모임 PyLadies 그룹 운영자, 파이썬 웹 프레임워크 플라스크 Flask 그룹 운영자, 장고 Django 그룹 운영

4부 개발자라고 개발만 하나요?

자 총 4인이 2014년 5월 대만으로 출발할 수 있었다.

파이콘 대만에서 가장 기억에 남는 일이 있다. 대만 파이콘을 준비한 사람들 중 한 명과 이야기를 하게 되었는데, 우리에게 정말 핵심적인 한마디를 해줬다. "Start with a small core team!" 정말 작게 시작해도 괜찮고, 작아도 충분하다는 이야기였다. 그다음 날 우리는 APAC 커뮤니티 한국 패널로 초청을 받아 패널 대표로 참가하기로 되어 있었다. 무대에 오르기 직전 같이 온 세 명에게 내가 물었다. "우리 파이콘 한국 언제 할까요?" 아주 짧은 대화 끝에 "8월 말에 합시다"라고 결론이 나버렸다. 그리고 우리는 무대 위에 올랐고 각 나라별 파이콘 이야기와 파이썬 커뮤니티 그리고 추후 발전 방향에 대해서 이야기가 시작되었다. 나라별 발전 방향에 대해 각자의 발언 기회가 주어지자 나는 덜컥 이야기해버렸다.

"파이콘 한국, 올해 8월 말에 합니다!"

파이콘에서의 흥분, 커뮤니티의 많은 분이 도와줄 거라는 막연한 기대감, 그리고 그곳에서 만난 사람들과 나눈 여러 대화로 무대에서 무모한 말을 던질 용기를 얻었던 것 같다. 공식적으로, 파이콘 한국이 마침내 시작되는 순간이었다.

지금의 파이콘 한국이 되기까지

한국에 돌아온 후 본격적으로 콘퍼런스 준비를 했다. 같이 준비하던 그 누구도 콘퍼런스를 다녀만 봤지 운영해본 적은 없었다. 대부분의 콘퍼런스에서 행사 대행사를 쓴다고만 알고 있었고 커뮤니티 기반의 독립적인 콘퍼런스 경험은 없었다. 하지만 파이콘 대만에서 만났던 사람의 이야기를 기억하며 작은 팀으로 작게 시작하기로 했다. 코엑스같이 대형 콘퍼런스룸을 빌리고 싶었지만, 돈이 없었다. 나도 월급 받는 처지에 어떻게 될지도 모르는 콘퍼런스에 몇천만 원짜리 콘퍼런스룸을 빌릴 순 없었다. 그러던 중 다행히 함께 준비하던 분이 숙명여자대학교의 강의장을 대관할 수 있을 것 같다고 이야기했다.

다른 나라 파이콘을 보면 현재 2019년의 파이콘처럼 이미 많은 프로그램이 있었다. 키노트도 있고, 스프린트도 있고, 튜토리얼도 있었다. 장소는 어떻게든 준비되었지만 세부적인 프로그램은 어떻게 할지, 행사의 방향을 전달할 키노트 연사는 어떻게 초청할지 등 어디서부터 어떻게 준비해야 할지 막막했다. 처음으로 여는 콘퍼런스에 기업의 후원을 기대하기도 어려웠다. 하지만 그때 우리에게 중요한 것은 한국에서 첫 번째 파이콘을 연다는 것 그 자체였다. 지금 생각하면 완결성이나 완벽함은 해가 되면 되었지 파이콘을 여는 데 필요한 건 아니었다.

아는 분들을 통해서 어찌어찌 후원을 받아 행사 준비를 시작했다. 두 달밖에 남지 않았는데 모두가 회사를 다니고 있었고 다들 바쁜 사람들이었다. 처음 하는 행사고 할 일이 뭔지도 모르고 고려할 것도 많아서 밤에도 주말에도 미팅을 했지만 그래도 시간이 모자랐다. 불행인지 다행인지 같이 파이콘 대만을 갔던 사람 중 두 명이 다니던 벤처를 퇴사해서 파이콘 준비에 풀타임으로 뛰어들었다.

발표자 지원을 받고 마침내 그동안 묵혀두었던 pycon.kr이라는 도메인에 홈페이지를 만들어 올렸다. 결제 시스템을 만들 시간이 없어서 외부 사이트를 통해 티켓을 팔았고 티켓은 금세 동이 나버렸다. 그때 파이썬 커미

터이자 컨트리뷰터인 장혜식 님이 티켓이 있느냐고 문의를 했다. 준비위원 중 한 명이 바로 대답했다. "키노트 연사로 참여하시면 됩니다!" 생각하지 못한 곳에서 키노트 연사를 구하게 된 순간이었다. 커뮤니티 사람들과 함께 하며 도움이 필요한 모든 곳에 누군가가 도움을 줬다. 그렇게 첫 번째 파이 콘 한국은 개최될 수 있었다.

파이콘 한국은 2014년 8월에 결국 진짜로 열렸고 450명 참가로 성황리에 끝났다. 그 이후 파이콘 한국은 매년 순조롭고도 위태롭게 2015, 2016 APAC, 2017, 2018, 2019까지 매년 진행되었고 점점 규모도 늘어났다. 2016년에는 APAC을 진행하려다 보니 농담처럼 말했던 코엑스 그랜드볼룸에서 정말로 행사를 열었다. 이때 참가자도 2천 명 가까이 늘어났다.

나에게 라인은
커뮤니티와 같았다

지금까지 내가 어떻게 커뮤니티 활동을 했는지 이야기했지만, 사실 나는 동시에 라인의 엔지니어이기도 하다. 풀타임 엔지니어로 일하면서 어떻게 콘퍼런스 개최까지 병행할 수 있었을까 궁금해하는 독자도 많을 것 같은데, 감사하게도 라인에는 각자 맡은 업무를 마무리만 하면 개인 일정은 자유롭게 본인이 쓸 수 있는 문화가 있었다. 휴가를 이용해 긴 여행을 떠나는 사람도 있고 자기 계발에 시간을 쓰는 사람도 있지만, 나는 휴가를 적극적으로 활용해 커뮤니티 활동에 전념했다. 개발자라면 개발을 잘하는 것이 가장 중요하지 않느냐고 생각하는 사람도 많을 것이다. 그것도 틀린 말은 아니다. 하지만 나는 커뮤니티의 다양성을 통해 새로운 배움을 얻을 수 있고 개발자로서 한 발 더 성장할 수 있다고 생각한다.

그동안 엔지니어로 일하면서 많은 사람과 일을 해왔지만 커뮤니티를 경험하기 이전의 나는 주로 받기만 하는 사람이었다. 그저 기술만을 찬양하던 나였지만 커뮤니티를 운영하면서 많은 것을 경험하고 배우게 되었다. 전혀 다른 분야의 사람들과 같이 일하는 방법을 배우게 되었고, 다양한 사람과 함께 일할 때는 다양한 관점이 있음을 알게 되었다. 어떤 일이든 당연한 것은 하나도 없기 때문에, 다른 사람의 입장에서도 생각할 수 있어야 함께 일할 수 있었다. 예전에는 이렇게 생각하지 않아서 힘들 때가 많았다. 하지만 나 자신의 생각을 바꾸고 나니 다른 방식으로 생각을 할 수 있게 된 것 같다. 파이콘에서는 준비위원회가 행사 준비만 하는 것이 아니라 자신이 참가자이자 커뮤니티의 일원이라고 생각한다.

서로 돕는 문화

나는 라인과 커뮤니티가 비슷한 점이 있다고 종종 느낀다. 우선 라인의 개발자들도 커뮤니티 구성원과 마찬가지로 자신을 하나의 부품으로 여기지 않고 라인에 무언가를 기여하고 있다는 의식을 가지고 있다. 보안에 매우 민감한 사업이 아닌 이상 내부의 모든 코드는 공개되어 있고 자신이 담당이 아니라도 이슈를 확인하고 컨트리뷰션이 가능하다. 이 덕분에 다양한 관점으로 현상을 바라볼 수 있고 깊이 분석하는 것도 가능한 것 같다. 서로의 다름을 인정하고 상대를 배려해주는 그런 동료들이 라인에는 있다.

이런 부분을 가장 크게 느낄 수 있는 예는 장애가 발생했을 때 이에 대처하는 라인의 개발 문화가 아닌가 싶다. 라인과 같은 큰 규모의 서비스에서는 아무리 만반의 준비를 한다고 하더라도 장애가 발생할 수밖에 없다. 부

4부 개발자라고 개발만 하나요?

득이 장애가 발생하면, 누군가를 비난하는 것이 아니라 어떻게 하면 이런 장애를 안 낼 수 있을지, 어떻게 하면 더 빨리 장애를 판별할지에 대해서 모두가 머리를 모아 함께 고민한다.

라인의 서로 돕는 문화를 잘 보여주는 또 하나의 에피소드가 있다. 초반 라인의 메시징 서버는 서비스 재배포와 재기동에 몇 시간이 걸렸다. CTO와 회의하던 중 서버 재기동 시간을 단축할 방법이 없을까 하는 이야기가 나왔고, 나는 방법을 찾아보겠다고 대답했다. 나중에 자세히 파악해보니 중간에 내부 컴포넌트가 많았고 이런 것들을 모두 소스 레벨에서 뜯어고쳐야만 했다. 하지만 내가 모든 것을 다 알 수도 없었고 물리적으로도 나 혼자 힘으로는 절대 해결이 불가능해 보였다. 그래서 '이런저런 부분을 모두 고쳐나가면 효과가 있을 것 같다'고 해결 방향을 내부에 제시했다. 그러자 내가 묻지도 않았는데도 많은 분이 공감하고 먼저 도움의 손길을 줬다. 컴포넌트 패치도 모두 도움을 받아 완료할 수 있었고, 불과 2개월 정도 만에 원하는 수준의 기능을 완성할 수 있었다. 이후 서비스 재배포와 재기동에 걸리는 시간은 무려 몇 분 내외로 획기적으로 줄었다. 자기가 맡은 분야도 아니었고, 그 어떤 대가가 있었던 것도 아니었는데도 라인 메시징 서비스를 다 함께 만들고 있다는 이유 하나만으로 모두 뛰어든 것이다.

일단 해보는 자세와 '라인 원정대'

파이콘을 통해 배운 것은 일단 해보면 된다는 것이다. 파이콘을 준비하는 준비위원회에서도 각자 해보고 싶은 일이 있다면 조사를 통해 그 근거와 방향을 제시하곤 하는데 모두 '일단 해보자'라고 뜻을 모으면 지체 없이 결과를 향해 움직인다.

라인에도 이와 비슷한 문화가 있다. 2013년 라인에는 '라인 원정대'라는 것이 있었다. LINE 메신저의 유저 피드백을 살펴보고 속도가 느리다는 이야기를 발견하면 사용량, 유저 수, 속도를 고려하여 개발팀에서 방문할 국가를 선정하고, 관련 사업팀의 의견까지 모두 받아서 해당 국가에 직접 방문해 현지 상황을 살펴보는 것이 바로 '라인 원정대'의 일이었다. 서버 개발자, 연결 관리 시스템 개발자, 클라이언트 개발자, 게임 개발자 등이 다 함께 해당 국가에 방문해서 문제를 해결하는 경험은 어떤 회사에서도 흔히 할 수 없을 것이다. 빠른 접속, 빠른 메시지를 위해서 모든 개발자가 그 목적을

4부 개발자라고 개발만 하나요?

위해서 모이고, 빠르게 행동한다.

고객의 LINE 경험을 확인하기 위해서 해외의 커피숍에 들어가 핸드폰을 사용하는 아무 사람에게나 말을 걸기도 했다.

"안녕하세요, 혹시 LINE 쓰시나요? '브라운'은 아세요? 이 게임 해봤나요?"

처음에는 현지에서 통역가를 섭외하기도 했지만, 통역으로는 우리에게 필요한 사용자의 경험을 알 수 없다는 것을 금세 깨달았다. 그래서 잘 모르더라도 영어 등으로 직접 사용자에게 접촉해서 생생한 경험을 얻어냈다. 소통이 잘 안 된다면 번역기라도 썼다. 일단 부딪쳐보는 것이다.

LINE 사용자가 있는 곳이라면 그 어디든 일단 가려고 노력했다. 개발자들이 직접 비행기 티켓을 결제하고, 호텔을 잡고, 사람들이 자주 가는 쇼핑몰, 커피숍, 공항, 붐비는 거리에 노트북 가방과 테스트 기기를 들고 출동했다. 라인 원정대를 다니면서 테스트를 위해 안드로이드 폰, 아이폰, 블랙베리 등을 한 짐 들고 다니다 밀수업자로 오해를 받은 적도 있었다. 목적을 위해서는 무엇이든 용기를 가지고 일단 해보는 거였다.

모두가 조금 더 가까워지는
세상을 위하여

가끔 내 주변 동료들이 너무 뛰어나서 주눅이 들곤 했다. 하지만 그런 생각이 나만의 문제가 아니라는 점을 2015년 미국 파이콘에서 알게 되었다. 내가 좋아하는 장고 프레임워크를 만든 제이컵 카플란-모스Jacob Kaplan-Moss가 키노트에서 "나는 중간 정도 되는 개발자"라고 선언을 한 것이다. 세상은 개발자가 뛰어나야만 한다는 편견으로 바라보지만 이런 생각은 도움이 안 되며, 프로그래밍은 누구나 배울 수 있는 스킬로 노력해서 중간만 한다면 충분하기 때문에 스킬 자체가 뛰어나야만 가치 있는 개발자라는 생각을 버려야 한다고 했다.

한국에서 파이콘을 시작한 초기에는 사실 깊은 이유 없이 단순히 파이썬이 좋았기 때문에 했다. 하지만 시간이 지나 돌아보니 파이콘이 기술 업계에 얼마나 많은 영향을 끼쳤는지 느끼며 새삼 놀란다. 커뮤니티 기반의 기술 행사가 늘어났고, 라이트닝 토크도 많아졌고, 파이콘을 보고 시작된 행사도 생겼으며, 파이콘에서 쭉 제공해온 아이돌봄 서비스를 지원하는 행사도 생겼다.

나는 파이콘이 단시간에 이렇게 많은 변화를 일으킬 수 있었던 이유가 궁금했다. 그리고 나는 또 파이콘을 통해 답을 찾았다. 파이콘 APAC 2017에서 PSF의 이사였던 제시카 매켈러Jessica McKellar가 발표한 '프로그래머의 마인드'라는 키노트에서였다http://bit.ly/33LfaFV). 요약하자면 이렇다. 프로그래밍은 우리가 생각하는 방법을 바꿔서 세상과 소통하고 디버깅할 수 있게 한다. 프로그래머는 시스템을 마스터하게 되고 시스템을 바꾼다. 프로그래밍에는 법칙이 존재하지만, 프로그래머에게는 그 법칙을 바꿀 힘이 있다. 사회도 마찬가지로 하나의 법칙이고 시스템이므로 불만스러운 부분이 있다면, 누군가 먼저 행동함으로써 고치고 디버깅할 수 있다고 본다. 행동한다면 가능하다고 생각한다.

나는 커뮤니티를 통해 성장한 엔지니어였기에 커뮤니티에 늘 감사했다. 내가 받았던 걸 돌려주고 싶다는 마음 하나로 행동하고 움직였다. 내 주위에는 나를 도와주는 멋진 동료들이 언제나 함께했고, 일단 해보자는 행동력으로 함께 긍정적인 변화를 만들어냈다. 제시카 매켈러가 키노트에서 말한 것처럼, 먼저 행동하는 엔지니어라면 반드시 세상을 더 좋게 고치고 디버깅할 수 있다고 믿는다.

맺음말

    라인은 개발자들이 일하기 좋은 환경을 만들고 개발자들이 마음껏 하고 싶은 개발만 할 수 있도록 힘쓰고 있다. 대외적으로는 크고 작은 기술 행사를 열거나 기술 블로그 운영을 통해 라인의 기술과 개발 문화를 알리고, 개발자 커뮤니티 후원 활동도 지원한다. 내부적으로는 사내 개발자 교육 프로그램을 통해 개발자들의 스킬 계발을 돕거나 개발자들이 함께 즐길 수 있는 개발 문화를 만들고 있다. 또한 일하는 방법 개선, 다양한 도구(이슈 추적 도구, 빌드 도구, 테스트 도구 등) 관리, 인프라 지원 및 컨설팅 등 개발 프로세스의 낭비를 줄이고 자동화하여 개발자들이 안정적으로 개발에 집중하게끔 하는 DevOps 기능도 활발하게 진행하고 있다.

- **LINE 기술 블로그:** https://engineering.linecorp.com/ko/blog
- **LINE Developers 소셜 채널:** https://facebook.com/line.developers